# SUPER FACILE
# Choisir sa bière

Yann
Champion

SOLAR
EDITIONS

# L'AUTEUR

Pris de passion par la bière il y a plus de 20 ans, Yann n'a jamais cessé depuis d'explorer ce vaste univers, toujours en quête de nouvelles expériences gustatives, de découvertes et de rencontres avec des brasseurs amoureux de leurs produits. Il se souvient encore avec émotion du « feu d'artifice » que fut sa première gorgée de Thomas Hardy's ale. En dehors de la bière, il aime les bords de mer, les fromages affinés et les gens qui rient à ses blagues. Traducteur indépendant pour la presse et l'édition, il est aussi, à ses heures perdues, un excellent prestidigitateur.

... *Super facile !*

# SOMMAIRE

## 3/ LES GRANDES FAMILLES DE BIÈRES

# UN MOT DE L'AUTEUR

## À propos des bières sélectionnées

Avant toute chose, il convient de bien préciser que le livre que vous avez entre les mains ne constitue en aucun cas un palmarès des meilleures bières. Rien qu'en France, on recense aujourd'hui plus de 1000 brasseries en activité, proposant pour la plupart une gamme de plusieurs bières, sans compter les collaborations et autres brassins occasionnels. C'est un monde en perpétuelle évolution et il serait donc absurde de prétendre pouvoir goûter toutes les bières afin d'opérer un classement.

Ce livre ayant pour objectif premier d'aider l'amateur plus ou moins néophyte à mieux se repérer dans les styles, les bières sélectionnées sont citées à titre d'exemple, afin de donner un aperçu de l'éventail des styles que l'on peut aujourd'hui trouver dans le commerce. À ce titre, j'ai tenté d'opérer une sélection qui soit de qualité, sans être pour autant être trop pointue : à quelques exceptions près (tout de même), la plupart des bières présentées se trouvent facilement dans le commerce, que ce soit en magasin ou en ligne.

Certaines brasseries sont représentées avec plusieurs bières, tandis que d'autres, non moins intéressantes, sont absentes (dont certaines de mes brasseries favorites). Cela s'explique par le simple fait que les bières présentées sont celles que j'ai réussi à me procurer dans le temps qui m'était imparti pour la réalisation de ce livre. D'autres excellentes bières auront sans doute aussi fait leur apparition sur les étals lorsque vous lirez ces pages. Encore une fois, le monde de la bière est en perpétuelle évolution et cette sélection n'en est donc qu'un aperçu à un instant T.

## À propos du classement proposé

Il existe de multiples manières de classer les bières : par style, par origine géographique, par couleur, par goût, par degré d'alcool, etc. Celui qui vous est proposé ici est un peu hétérogène, puisqu'il s'agit à l'origine d'un classement par styles (encore que les bières trappistes ne constituent pas un style donné) et que ces styles ont été regroupés en différentes « grandes familles » selon des critères aussi variés que leur origine géographique (les Belges et les Britanniques), leur couleur (les noires), leur goût (les acides), leur degré d'alcool (les peu ou pas alcoolisées), leur type de fermentation (les *lagers*)...

Il va sans dire que, comme tout classement, il résulte de choix hautement subjectifs et critiquables. Nombre de bières pourraient tout à fait se ranger dans plusieurs catégories, comme les Berliner Weisse (qui peuvent se classer à la fois dans les bières blanches, les bières a cides et les bières peu alcoolisées) ou d'autres bières à cheval sur plusieurs styles (*porters* ou *stouts* fumés, blanches très houblonnées ou aromatisées, etc.). On pourrait ajouter à cela que les *stouts* ne sont pas moins britanniques que les *barley wines*, que les *bitters* pourraient très bien se ranger parmi les « ales légères », etc. J'espère toutefois qu'en dépit de son côté « baroque », ce classement permettra au lecteur novice de se repérer. Gardez seulement à l'esprit que, dans le monde de la bière, les frontières ne sont pas parfaitement définies et qu'elles ont tendance à bouger. C'est d'ailleurs ce qui le rend si passionnant à mes yeux.

**Yann Champion**

# HISTOIRE ET CULTURES

# BIÈRES D'HIER ET D'AUJOURD'HUI

# Une boisson ancestrale

La bière est l'une des plus anciennes boissons du monde. C'est aussi sans doute l'une des plus universelles. Moyen-Orient, Afrique, Asie, Europe, Amérique… les archéologues ont découvert des traces attestant de sa fabrication à travers le monde entier.

Les plus anciennes datent de 6 000 ans av. J.-C. environ et ont été découvertes en Mésopotamie (Irak actuel). C'est aussi de là, plus précisément du royaume de Sumer, que nous proviennent les premières traces écrites de production de bière (env. 3 000 av. J.-C.), sous la forme de tablettes d'argile expliquant la fabrication du sikaru. Produit à partir de galettes d'orge germée, ce « pain liquide » était une boisson épaisse et relativement complexe (on a retrouvé une vingtaine de recettes différentes), très éloignée de nos bières actuelles. Elle jouait un rôle important dans la vie sociale, servant aussi bien à payer les ouvriers qu'à honorer les dieux.

L'activité brassicole est également intense dans l'Égypte antique. Considéré comme un cadeau d'Osiris (patron des brasseurs) et d'Isis (déesse des céréales), le zythum revêt une importance capitale dans la société égyptienne. Servant de monnaie d'échange et de salaire, la bière est soumise à une réglementation stricte. On lui connaît également des usages pharmaceutiques. Les Égyptiens la boivent au chalumeau dans des jarres et l'exportent hors de leurs frontières, notamment en Grèce. Les Grecs, toutefois, comme les Romains, vont abandonner peu à peu la bière au profit du vin, créant une séparation visible entre deux cultures en Europe : celle du vin dans les pays du Sud et celle de la bière au Nord, chez les Germains, les Celtes (parmi lesquels les Gaulois qui, au III^e siècle, révolutionnent la conservation et le transport de la cervoise avec l'invention du tonneau) et les Scandinaves (les redoutables Vikings, qui emportaient toujours de quoi brasser sur leurs drakkars).

# Le Moyen Âge

Pratique domestique traditionnellement dominée par les femmes, le brassage de la bière commence à se professionnaliser au Moyen Âge, notamment grâce aux ordonnances de l'empereur Charlemagne (VIIIe siècle). La même époque voit le développement des brasseries dans les monastères. Érudits dépositaires (par leurs bibliothèques) d'un savoir remontant à l'Antiquité, les moines vont considérablement perfectionner les techniques brassicoles. Par ailleurs, les croisades permettent de découvrir de nouvelles épices qui enrichissent le gruyt, mélange de plantes qui sert alors à aromatiser la bière. Toutefois, ce dernier va se voir peu à peu supplanter par le houblon, dont les propriétés conservatrices ont été découvertes au XIIe siècle par l'abbesse Hildegarde de Bingen. Entre les Xe et XIIIe siècles, le brassage devient une activité commerciale dans les villes d'Europe, entraînant la formation de puissantes guildes et corporations de brasseurs.

# L'industrialisation

La révolution industrielle marque un tournant sans égal dans l'histoire de la bière. Amélioration des moyens de transport, développement de la réfrigération, industrialisation des techniques de production (bouteilles en verre, etc.)... les innovations techniques font entrer la bière dans une nouvelle ère. Mise au point vers 1840, la technique de la fermentation basse, qui permet de produire une bière claire et légère, commence à se généraliser. La production de bière profite également des travaux de Louis Pasteur sur la fermentation et, bien entendu, la pasteurisation.

Malheureusement, l'industrialisation du secteur brassicole dans le monde s'accompagne peu à peu d'une disparition des petits brasseurs et d'une standardisation du goût de la bière, notamment au XXe siècle. Exemple caractéristique, la France, où l'on recensait encore quelque 3 500 brasseries au début du XXe siècle, n'en compte plus que 30 en 1985. Hormis en Allemagne, en Belgique et au Royaume-Uni, où les styles traditionnels parviennent à subsister, la bière blonde de fermentation basse s'impose dans le monde entier, faisant oublier aux consommateurs l'incroyable palette gustative offerte par cette boisson.

# La redécouverte

Cependant, à partir de la fin des années 1970 un mouvement de renaissance de la brasserie artisanale s'amorce. Il débute aux États-Unis, suite à la levée de l'interdiction par le gouvernement fédéral américain de brasser de la bière chez soi. Le phénomène du *home-brewing* (brassage amateur) connaît un essor incroyable et donne naissance à une foule de brasseurs passionnés et créatifs qui vont radicalement transformer le paysage brassicole mondial. En France, c'est la brasserie bretonne Coreff qui lance le mouvement des microbrasseries en 1985. Les créations de brasseries s'enchaînent ensuite dans les années 1990 et 2000, suscitant peu à peu l'intérêt du public, qui redécouvre qu'il existe des bières blanches, brunes, ambrées…

C'est à partir des années 2010 que le phénomène prend tout son essor dans l'Hexagone. Le nombre de brasseries explose littéralement (voir l'encadré). Des boutiques spécialisées, des bars à bières, des festivals apparaissent aux quatre coins du pays et rencontrent un franc succès. La bière retrouve ses lettres de noblesse. Fer de lance du mouvement, l'IPA (voir p. 124) devient LE grand style de bière à la mode, au point que les brasseries qui n'en proposent pas deviennent presque rares et que même les marques industrielles tentent parfois de s'y mettre (avec un succès toutefois assez mitigé).

# Et demain ?

Symbole de cet essor, en 2014, les ventes de bières artisanales (dites *craft*) atteignent 11 % du marché en volume aux États-Unis, dépassant ainsi celles du géant Budweiser. Pour répondre à cette concurrence inattendue, les grands groupes se lancent dans des opérations de rachat de certaines petites brasseries emblématiques (Goose Island, Birra del Borgo, Anchor...) et d'acteurs majeurs du secteur (comme le site de notation Ratebeer ou le site de vente français Saveur Bière, qui appartiennent aujourd'hui tous deux au géant AB Inbev). Faut-il s'en inquiéter ? Si l'on est amateur de bière, sans doute, car l'on peut dire sans trop caricaturer que la qualité et l'innovation sont généralement plus le fait d'artisans amoureux de leurs produits que de gestionnaires obsédés par leurs profits. Toujours est-il que le secteur de la bière artisanale semble aujourd'hui connaître un véritable âge d'or. Et s'il est possible que les choses finissent tôt ou tard par se tasser, il est peu probable que les consommateurs qui auront découvert l'incroyable richesse gustative offerte par les bières de qualité acceptent de revenir un jour vers les produits industriels insipides.

Quelles seront les bières en vogue demain ? À court terme, les bières vieillies en fût semblent promises à un bel avenir, mais on peut aussi constater un certain intérêt des brasseurs pour les bières acides (p. 150), les malts fumés ou de nouveaux houblons très aromatiques. Le brassage amateur, fait à la maison, a également le vent en poupe, préparant peut-être une nouvelle génération de brasseurs. L'éventail des possibles est tel qu'il est impossible de faire quelque prédiction que ce soit. La seule chose sûre est que, à voir l'enthousiasme et la créativité qui animent les brasseurs d'aujourd'hui, les années qui s'annoncent semblent fort prometteuses pour les amateurs de bière.

## Le SNBI

*Signe du divorce consommé entre brasseries industrielles de grands groupes et petites brasseries indépendantes, l'année 2016 a vu la naissance du SNBI, Syndicat national des brasseurs indépendants, dont l'objectif est de porter la voix des petits brasseurs qui se sentaient mal représentés au sein de l'association Brasseurs de France, jusqu'alors seul porte-parole du secteur en France.*

# COMMENT C'EST FAIT

# Les ingrédients

Quatre ingrédients suffisent pour faire de la bière : de l'eau, des céréales maltées, du houblon et de la levure.

### L'eau

C'est le principal ingrédient de la bière, puisqu'elle constitue entre 90 et 95 % du produit fini. Une grande quantité d'eau étant nécessaire à la fabrication de la bière (pour entrer dans le produit fini, mais aussi pour le nettoyage des cuves, fûts et bouteilles), il était d'usage que les brasseries s'installent à proximité de sources d'eau abondantes et de qualité. Les propriétés particulières des différentes eaux employées (leur dureté, notamment) ont ainsi pu donner naissance à plusieurs styles traditionnels. Aujourd'hui, si les techniques modernes permettent de corriger sa dureté si besoin, les brasseurs demeurent souvent très sensibles à la qualité de leur eau.

### Les céréales

L'orge règne en maître quasi absolu pour la production de bière, mais d'autres céréales peuvent s'y adjoindre, essentiellement des graminées comme le blé, le seigle ou l'avoine. Afin d'être utilisées en brasserie, les céréales dures et sèches doivent être transformées en malt soluble. Pour cela, les grains sont trempés afin de déclencher la germination (et ainsi la conversion de l'amidon en sucres), puis séchés lors d'une opération baptisée touraillage. C'est de ce séchage que vont dépendre la couleur du malt (et donc de la bière) et ses arômes. Pour résumer, plus le malt sera porté à une température élevée en fin de maltage, plus il sera foncé et développera des notes de caramel, de grillé, etc., allant jusqu'à une torréfaction semblable à celle du café ou du cacao. Il est également possible d'obtenir des malts fumés lors de cette étape (en le séchant sur un feu de tourbe, de hêtre, de chêne). S'ensuit un « dégermage », afin d'ôter

les radicelles des grains (qui iront servir à l'alimentation animale). Le maltage est un processus qui s'effectue le plus souvent en dehors de la brasserie, dans une malterie travaillant pour plusieurs brasseurs.

### Le houblon

« Épice » de la bière, le houblon est l'ingrédient qui lui confère son amertume et ses arômes fruités, floraux, résineux, herbacés... C'est une plante grimpante vivace, de la famille des cannabinacées, qui produit des fleurs, les « cônes », que les brasseurs utilisent pour leur lupuline, résine parfois qualifiée d'« or vert du brasseur ». Il en existe de multiples variétés, que les brasseurs utilisent en fonction de leurs caractéristiques respectives à la manière des vignerons avec différents cépages. D'une manière générale et en simplifiant à l'extrême, les houblons américains (amarillo, cascade, citra, mozaic, pour ne citer que quelques-uns des plus connus) évoquent plutôt les agrumes ; les houblons du Pacifique (nelson sauvin, riwaka...) tendent vers les fruits exotiques et les houblons européens (saaz, hallertau tradition, east kent golding, aramis...) offrent plutôt des notes herbacées, florales ou épicées. Il convient toutefois de noter que ces lignes peuvent bouger puisqu'il s'agit d'un secteur en pleine évolution. Conséquence de la mode actuelle des bières très houblonnées, la demande est, en effet, particulièrement forte et de nouvelles variétés sont régulièrement sélectionnées.

### Les levures

La levure joue un rôle essentiel dans la fabrication de la bière, puisque c'est elle qui permet la fermentation, c'est-à-dire la transformation des sucres contenus dans le malt en alcool et en gaz carbonique. C'est un organisme vivant et fragile, qui peut être capricieux. Les brasseurs utilisent différentes souches de levures en fonction des caractéristiques qu'ils veulent donner à leurs bières (en jouant également avec les durées et températures de fermentation).

# La fabrication

La fabrication d'une bière se fait en trois étapes principales : le brassage (empâtage + ébullition), la fermentation et la garde.

### Brassage

Le brassage s'effectue lui-même en deux étapes : l'empâtage et l'ébullition.

• **L'empâtage :** après concassage des céréales dans un moulin, elles sont mélangées à de l'eau chaude (autour de 65 °C) dans une cuve matière. Appelé maïsche, ce mélange est remué (« brassé ») à l'aide d'un fourquet (une sorte de grande pelle en bois avec de larges ouvertures) ou mécaniquement. Cette opération a pour but d'activer les enzymes

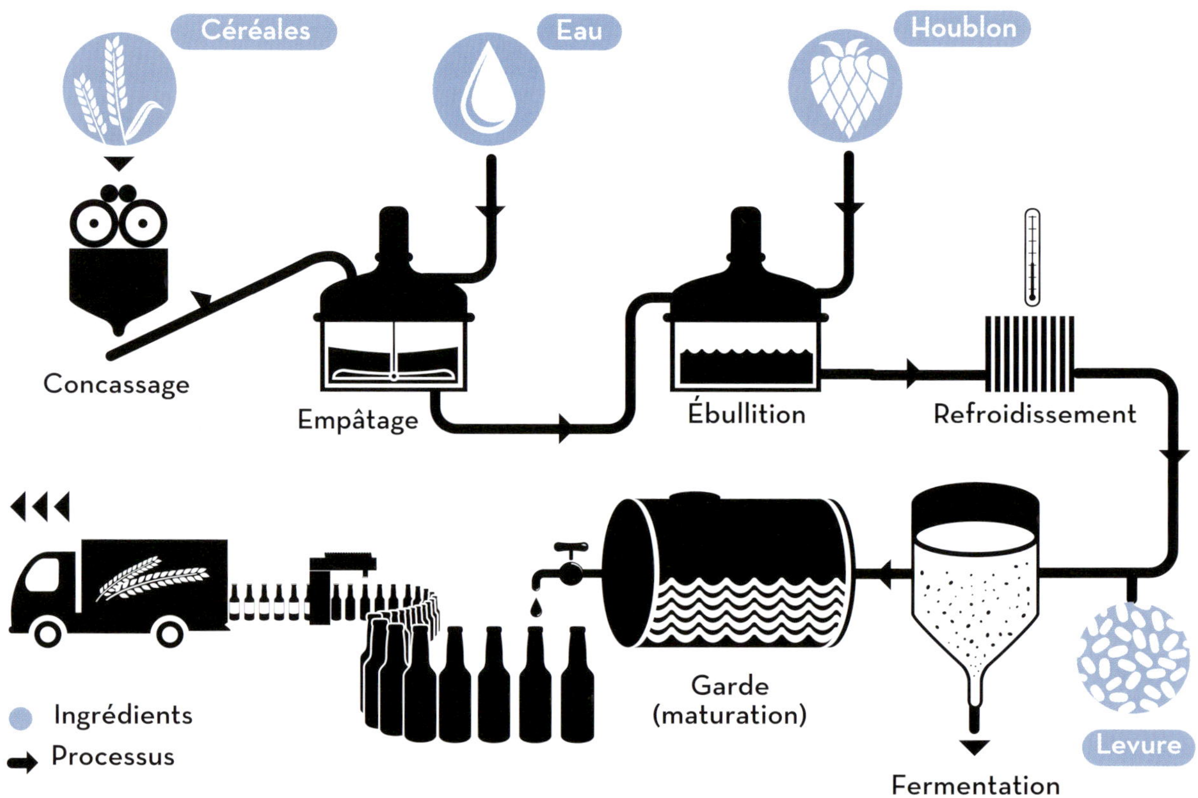

du malt afin qu'ils transforment l'amidon en sucre (saccharification). On obtient ainsi un moût sucré, ainsi que des drêches, résidus des enveloppes des céréales, qui sont filtrées.

• **L'ébullition :** le moût sucré est transféré dans une cuve d'ébullition, où il est cuit et stérilisé. C'est à ce moment que sont ajoutés les houblons. Selon le moment de leur ajout, ils libéreront plus ou moins d'acides alpha (responsables de l'amertume de la bière) et/ou d'huiles essentielles aromatiques. En cuisant le moût, l'ébullition a aussi pour conséquence de le concentrer et de le foncer légèrement.

### Fermentation

Après avoir été refroidi, le moût est transféré vers une cuve de fermentation, où les levures sont ajoutées. Elles vont d'abord coloniser le moût, puis se nourrir des sucres en les transformant en alcool et en gaz carbonique.

C'est une étape clé, qui va avoir une importance fondamentale sur le goût de la bière en fonction des levures utilisées et des températures de fermentation :

• La fermentation haute, qui s'effectue à 15-20 °C environ avec des levures qui remontent vers la surface du moût, est la plus répandue chez les brasseurs artisanaux. Elle donne des bières denses et goûteuses, que l'on nomme aujourd'hui **ales**.

• La fermentation basse, qui s'effectue à basse température (6-8 °C) avec des levures qui migrent vers le fond de la cuve, est la plus répandue chez les grands brasseurs industriels. Elle donne des bières légères et faciles à boire, que l'on nomme **lagers**.

• La fermentation spontanée s'effectue non dans une cuve de fermentation, mais dans un bac de refroidissement, sans ajout de levure et à l'air libre, afin d'être ensemencée par les levures et bactéries naturellement présentes dans l'air. Beaucoup plus rarement utilisée, elle donne des bières acides, appelées **lambics** en Belgique (mais il est possible d'en produire ailleurs), grâce auxquels on pourra produire des gueuzes, des krieks, etc.

### Garde

Avant d'être conditionnée, la bière issue de la fermentation, dite « bière verte », va connaître une période de plusieurs jours de garde dans des cuves prévues à cet effet, afin de s'affiner. C'est durant cette période qu'a lieu le houblonnage dit à cru (ou à froid) très en vogue aujourd'hui, qui permet de récupérer au maximum les arômes du houblon sans en avoir l'amertume. Il est également possible d'ajouter du sucre ou de la levure dans la bouteille lors du conditionnement afin d'obtenir une bière refermentée en bouteille.

# SAVOIR CHOISIR

# SAVOIR DÉCRYPTER UNE ÉTIQUETTE

# L'épineuse question des styles

Le consommateur novice peut parfois se sentir un peu perdu face à l'abondance de marques et de dénominations qui s'offrent à lui lorsqu'il souhaite choisir une bière. Ces quelques points devraient lui permettre de mieux s'y repérer.

Contrairement à une idée largement répandue (d'autant plus qu'elle est entretenue par certains brasseurs et marchands), les bières ne se classent pas par couleur (blonde, brune, blanche, ambrée...). La différence est telle entre, mettons, une triple belge et une IPA que dire, par exemple, que l'on aime « les bières blondes » ne rime pas à grand-chose.

Les bières se classent plutôt par « style ». Un style correspond à un ensemble de critères (couleur, degré d'alcool, ingrédients employés...) permettant de décrire un type de bière particulier. Ces styles se répartissent en trois grandes familles : les *ales* (dites « fermentation haute »), les *lagers* (« fermentation basse ») et les lambics (« fermentation spontanée »). La famille des *ales* est celle qui regroupe le plus grand nombre de styles (bières d'abbaye, *stouts*, IPA, etc.), mais c'est celle des *lagers* qui est la plus consommée, notamment dans sa déclinaison « bière blonde légère, facile à boire ».

Lorsqu'il souhaite brasser une bière correspondant à un style particulier, le brasseur applique une recette, qu'il va suivre plus ou moins à la lettre en fonction du goût qu'il souhaite lui donner. Ainsi, de nouvelles déclinaisons des styles principaux apparaissent régulièrement, lorsqu'il ne s'agit pas de bières au carrefour de plusieurs styles, voire de styles totalement inédits. Ceci est particulièrement vrai de nos jours, où les brasseurs font preuve d'une créativité et d'un dynamisme incroyables.

Pour cette raison, la catégorisation par style est aujourd'hui très discutée dans le monde brassicole, notamment lorsque les bières sont jugées en fonction de leur concordance au style (voir l'encadré « Faut-il se fier aux médailles ? » page 33). Il semble toutefois peu probable qu'elle disparaisse dans un avenir immédiat. En effet, en permettant de résumer les différentes caractéristiques d'une bière par quelques mots seulement, la catégorisation par style offre des points de repère fondamentaux tant pour le consommateur que le brasseur. Il convient donc pour toute personne qui souhaite découvrir le monde extraordinairement varié de la bière de se familiariser avec ces styles (cela tombe bien : c'est exactement le but du guide que vous tenez dans les mains !), tout en gardant à l'esprit qu'il s'agit d'un domaine en perpétuelle évolution.

# Les autres mentions

Outre le style, d'autres mentions présentes sur les bouteilles peuvent renseigner l'acheteur.

## Le degré d'alcool

C'est le critère généralement choisi par le législateur pour classer les bières et les taxer. Une bière « de base » a généralement un taux d'alcool par volume (parfois abrégé ABV) oscillant autour de 5 %, mais beaucoup de bières appréciées des amateurs sont plus alcoolisées, avec un taux d'alcool compris entre 5 et 10 %, voire 12 % pour les plus fortes. Il existe des bières qui dépassent ce niveau, certaines pouvant même aller au-delà de 50, voire 60 %, mais elles sont marginales. Pour le consommateur, une bière forte en alcool est généralement synonyme de puissance aromatique des malts, mais on aurait le plus grand tort d'en faire un critère de choix. En effet, de nombreuses bières modérément alcoolisées sont aujourd'hui capables de rivaliser avec les bières plus puissantes. Nous avons d'ailleurs, dans cet ouvrage, consacré une partie entière aux bières peu ou pas alcoolisées qui ont du goût.

## La couleur

Bien qu'insuffisante pour déterminer le goût de la bière, la couleur indiquée (blonde, brune, ambrée, blanche...) donne néanmoins quelques indications sur son malt. Ainsi, plus la bière sera foncée, plus elle développera des goûts de torréfaction, de grillé, etc. De même, une bière dite « blanche » contiendra forcément du malt de blé, qui lui conférera généralement une certaine douceur et un peu de corps.

**27** SAVOIR DÉCRYPTER UNE ÉTIQUETTE

### Les ingrédients

Une bonne bière ne devrait a priori contenir que des ingrédients naturels (eau, malt, houblon, levure, à la rigueur un peu de sucre…) et la règle de base pour tout amateur devrait donc être de fuir toute bière contenant des colorants, des acidifiants, des conservateurs, des arômes artificiels et autres horreurs. Malheureusement, aucune réglementation en France ne contraint pour l'instant les fabricants à indiquer la liste des ingrédients sur les bouteilles. Sachez seulement qu'en la matière, il y a, bien évidemment, moins de raisons de se méfier des petits brasseurs indépendants qui travaillent avec l'amour du produit chevillé au corps que des grands groupes industriels qui cherchent à tout prix à augmenter leurs marges.

### La date limite de consommation

C'est un facteur souvent négligé, car une bière ne se périme pas vraiment (vous pouvez boire une bière ayant dépassé la date limite sans craindre pour votre santé). De même, certaines bières, comme les bières d'abbaye fortes ou les *barley wines* peuvent gagner en rondeur et en complexité si on les fait vieillir plusieurs années en cave. Cependant, il faut savoir que, avec le temps, le houblon dans la bière perd ses qualités organoleptiques. La fraîcheur de la bière est donc un critère à ne pas négliger pour les bières fortement houblonnées de type IPA, *American pale ale*, etc.

### L'indice IBU

Apparaissant de plus en plus fréquemment à côté du degré d'alcool, l'indice IBU (International Bitterness Unit) indique le niveau d'amertume de la bière : plus il est élevé, plus la bière est amère. Ainsi, une bière à moins de 30 IBU sera généralement considérée comme assez peu amère et une bière à 60 IBU comme très amère. Il convient toutefois de noter que la perception de l'amertume varie beaucoup en fonction des personnes et du style de la bière. Ainsi, à niveau d'IBU égal, une bière ronde et forte semblera moins amère qu'une bière légère. L'amertume est aussi parfois exprimée en valeurs EBU (European Bitterness Unit), dont l'échelle est à peu près équivalente à l'IBU.

### La mention « brassée et embouteillée par »

Cela permet tout simplement de savoir où la bière a été produite. Malheureusement, il ne s'agit pas d'une mention obligatoire et certains producteurs peu scrupuleux (heureusement rares) en profitent pour vendre des bières faussement « locales », brassées parfois à des centaines de kilomètres du siège social de la « brasserie », voire à l'étranger. Pour pallier ce problème, le SNBI (voir p. 15) réfléchit actuellement à la mise en place d'un label qui garantirait que la bière a été produite par une véritable brasserie indépendante, à la manière de ce qui se fait déjà aux États-Unis.

### Les mentions diverses

Parmi les autres mentions que l'on retrouve le plus fréquemment sur les bouteilles, citons « bière sur lie », « refermentée en bouteille » et « triple fermentation » (à ne pas confondre avec « triple », qui est un style, voir p. 60), qui indiquent toutes que de la levure a été ajoutée dans la bouteille afin que la bière y subisse une troisième fermentation. À noter : la mention « double fermentation » sur une bière n'a, a priori, d'autre intérêt que marketing, puisque la bière subit par principe toujours au moins deux fermentations (une première en cuve de fermentation et une deuxième durant la garde). De même, la mention « pur malt » ne constitue en aucun cas un critère de qualité particulier.

# OÙ TROUVER DES BIÈRES INTÉRESSANTES ?

# Grande distribution

Les supermarchés, grands ou petits, constituent souvent le premier lieu d'approvisionnement des amateurs de bière néophytes. Le choix y semble important et les prix sont bas. Il faut toutefois être conscient que cette impression de choix est illusoire : les rayons sont, en effet, dominés par les marques de grands groupes industriels, qui proposent principalement des produits standardisés et aseptisés afin de contenter le grand public.

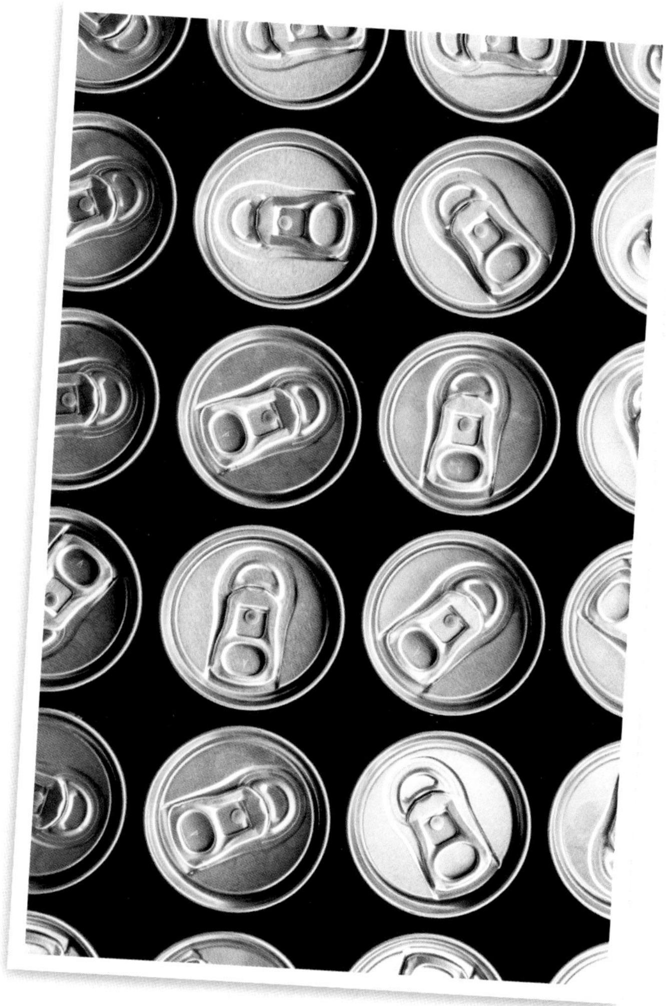

Cela étant dit, si l'on fait abstraction des bières de grandes marques vendues en packs ou en fûts, des canettes de 50 cl destinées à se saouler à moindre coût et des diverses abominations aromatisées (à la tequila, à la vodka, au pamplemousse et j'en passe), il faut reconnaître que l'on peut parfois y acheter d'excellentes bières. Ainsi, dans la partie du rayon où les bouteilles sont vendues à l'unité, vous trouverez généralement bon nombre de bières belges (trappistes, d'abbaye, spéciales, saisons... quelques gueuzes, mais rarement traditionnelles) et françaises (mais attention aux bières faussement locales, voir chapitre précédent) ainsi que plusieurs bières d'autres pays (bières blanches allemandes, *bitters* anglaises...), avec une présence de plus en plus affirmée de certains grands acteurs du mouvement *craft* (Brewdog, Brooklyn, Stone...).

# Caves spécialisées

Relativement rares il y a encore une dizaine d'années, les caves à bières se sont développées au point qu'il est désormais possible d'en trouver dans quasiment toutes les grandes villes de France. Une cave spécialisée est, bien entendu, l'endroit idéal pour trouver des bières intéressantes et se faire une « culture bière ». Un bon caviste sera toujours à même de vous renseigner et de vous guider dans vos choix.

Chez la plupart des cavistes, les bières sont classées par zone géographique, puis par brasserie, avec souvent un rayon réservé aux nouveautés, particulièrement appréciées des connaisseurs. Il n'y a, toutefois, pas de règle en la matière et un classement par style ou selon d'autres critères peut également être possible.

Pour trouver des bières intéressantes, mieux vaut cent fois un bon petit caviste avec un choix de bières serré, mais pertinent (comprenant essentiellement des bières de petites brasseries que le caviste connaît), plutôt qu'un gros vendeur de boissons, qui met en avant des bières quelconques aux étiquettes « rigolotes », classe ses bières par couleur et s'avère incapable de vous renseigner sur les produits qu'il offre (oui, cela existe).

## Sur Internet

Plusieurs sites de vente de bières se sont développés sur Internet. Ils peuvent faire office de cavistes de substitution pour ceux qui habiteraient trop loin d'une bonne cave à bières (les bières arrivent bien emballées dans un carton adapté). Certains possèdent un choix assez intéressant de bières internationales, mais les bières de petites brasseries (françaises, notamment) y sont souvent assez mal représentées. En outre, cela va de soi, vous n'y trouverez pas les conseils d'un bon caviste et vous ne pourrez pas vérifier les dates limites de consommation optimale avant d'acheter.

Plusieurs de ces sites proposent des abonnements, formule qui semble rencontrer un franc succès : tous les mois, le client reçoit chez lui un assortiment de plusieurs bières sélectionnées par le site (souvent appelé « box »). Cela peut être une bonne solution pour les curieux qui souhaitent découvrir des bières originales sans se casser la tête avec la question du choix, mais il convient de garder à l'esprit que toutes ces « box » ne se valent pas. Si ce type d'offre vous intéresse, n'hésitez donc pas à comparer afin d'en choisir une qui met en avant des bières originales plutôt que du tout-venant que vous pourriez trouver au supermarché du coin.

### Faut-il se fier aux médailles ?

*Concours général agricole, World Beer Awards, World Beer Cup… peut-on se fier aux médailles qui apparaissent parfois sur les bouteilles ? Oui et non. Certes, une médaille atteste que la bière a été jugée meilleure que d'autres, mais, avant de trop s'enthousiasmer en pensant que la bière que l'on vient d'acheter est forcément « la meilleure », il convient de savoir comment fonctionnent les concours.*

*Tout d'abord, il est évident que seules les bières inscrites participent. Inscrire sa bière à un concours a un coût que beaucoup de petites brasseries ne peuvent assumer et la meilleure bière du monde ne pourra être primée si elle ne participe pas. En outre, les bières sont souvent inscrites dans des catégories bien déterminées. La multiplication de ces catégories avantage forcément les industriels qui peuvent inscrire leurs produits dans un grand nombre de catégories. Enfin, certains concours jugent les bières en fonction de leur concordance au style qu'elles représentent, ce qui handicape les bières originales.*

# APRÈS L'ACHAT

# Savoir conserver ses bières

La manière dont vous allez conserver vos bouteilles va directement influencer le goût de vos bières. Une bière peut, en effet, rapidement se dégrader sous l'effet de la chaleur et de la lumière et développer des goûts désagréables. C'est pour cette raison que la majorité des bouteilles de bière sont foncées et qu'il convient d'éviter les bouteilles en verre blanc. L'idéal est, bien entendu, de disposer d'une cave où les bouteilles pourront être maintenues à une température de 10 à 14 °C.

En principe, les bières doivent être conservées debout, notamment dans le cas des bières refermentées en bouteille, afin de laisser la levure se déposer au fond et pouvoir éviter de la verser dans le verre lors du service (voir encadré). Les bouteilles à bouchon de liège se conservent en revanche couchées, afin de garder le bouchon humide et favoriser ainsi son étanchéité.

Il faut savoir que certaines bières peuvent, à la manière du vin, se bonifier avec l'âge. C'est notamment le cas des bières refermentées en bouteille, des bières très fortes de type quadruple ou *barley wine*, de certains *imperial stouts*, de certains lambics, de bières vieillies en fûts… Les bières concernées portent souvent un millésime sur l'étiquette. Certaines peuvent vieillir jusqu'à une vingtaine d'années,

## Faut-il verser la levure ?

*C'est une question qui ne se pose pas pour les bières blanches (pour lesquelles il est recommandé de verser la levure dans le verre), mais elle divise en revanche les amateurs au sujet des autres bières refermentées en bouteille. Certains vous diront que verser la levure peut véritablement ruiner certaines bières et que ce n'est pas pour rien que beaucoup de brasseurs recommandent un temps de repos en cave après achat afin de laisser les levures se déposer au fond de la bouteille. D'autres, au contraire, n'envisagent pas de ne pas boire la levure.*

*Afin d'éviter les déceptions, la solution la plus sûre consiste donc à d'abord goûter la bière sans la levure (n'hésitez pas à laisser un à deux centimètres au fond de la bouteille), puis à goûter la levure à part pour voir si vous souhaitez l'incorporer à votre bière. Une autre solution, plus simple, consiste à ne d'abord verser que les trois quarts de la bière, en réservant le dernier quart pour le boire avec la levure en fin de dégustation.*

mais c'est généralement après 4 à 7 années de cave qu'elles atteignent leur maximum de complexité (cela dépend toutefois des bières).

Ce n'est cependant pas le cas de la majorité des bières, qui perdent leurs qualités organoleptiques avec le temps et se doivent d'être consommées « fraîches ». Les amateurs des bières fortement houblonnées si en vogue aujourd'hui (IPA, *American pale ale*, etc.) devront être particulièrement attentifs à ce point. Il est, en effet, fréquent que la dégustation d'une IPA réputée s'avère décevante parce que la bière était trop « vieille ».

## Choix et entretien des verres

Avant de déguster une bière... il faut la servir. Il a longtemps été coutume de distinguer divers types de verres à utiliser en fonction des bières dégustées (verre en forme de calice pour une bière d'abbaye, droit pour une *pils*, en forme de courge pour une Weissbier, en forme de chardon pour une *scotch ale*, etc.), mais cela se fait de moins en moins. À vrai dire, les meilleurs verres pour profiter au mieux des arômes d'une bière sont ceux qui se referment vers le haut, permettant aux arômes de se concentrer. De même, en évitant le contact des mains avec les parois du verre, les verres à pied préviennent un réchauffement trop rapide de la bière.

Plusieurs producteurs ont lancé des verres supposés être idéaux pour la dégustation de bière, comme le gobelet IPA ou le verre Teku. La taille et la forme du gobelet IPA sont censées permettre aux arômes du houblon de se développer pleinement, mais il a l'inconvénient d'entraîner un réchauffement trop rapide de la bière. Le Teku est, en revanche, parfait, mais un beau verre à bourgogne choisi avec soin fera tout aussi bien l'affaire. Certaines marques, comme Chimay ou Duvel, ont

aussi doté leurs verres d'une petite gravure au fond, ce qui permet un développement continu des bulles et donc de la mousse. C'est une idée intéressante pour les bières belges très pétillantes, mais à éviter avec une bière moins gazeuse comme une *pils* ou une bière britannique, au risque de leur retirer rapidement toute effervescence.

À vrai dire, l'idéal pour un amateur de bière est de posséder plusieurs sortes de verres qu'il utilisera selon son envie du moment. Pour une dégustation « sérieuse », sachez que les verres à vin de type INAO (Institut national des appellations d'origine) conviennent parfaitement à la bière, au point qu'ils sont régulièrement utilisés par les dégustateurs professionnels. Ils offrent l'avantage d'être très facilement disponibles dans le commerce à des prix relativement raisonnables. Cela étant dit, le plaisir doit rester le maître mot et si l'envie de boire dans un verre à moutarde vous prend, inutile de bouder votre plaisir (plaisir qui ne pourra qu'être accentué par les cris d'orfraie des puristes éventuellement présents à vos côtés).

Concernant l'entretien des verres, il est très fortement déconseillé de les mettre au lave-vaisselle. Les produits qui y sont utilisés contiennent en effet un agent anti-moussant qui est souvent efficace après lavage. De même, l'utilisation de liquide vaisselle n'est pas recommandée, car les résidus qui pourraient rester sur la paroi risqueraient d'empêcher la formation de mousse. Le plus simple est donc de réserver les verres à bière exclusivement à la bière et de les laver à l'eau très chaude.

# Service et dégustation

Maintenant que vous avez choisi avec soin votre bière et votre verre, il ne vous reste plus qu'à la servir pour la déguster !

### La température de service

Elle va dépendre du type de bière dégustée. Une bière légère qui a pour principale vocation d'être désaltérante s'appréciera à 5-6 °C, soit tout juste sortie du réfrigérateur, mais mieux vaut éviter de servir trop froide une bière plus forte en alcool et en goût, car le froid « anesthésie » en quelque sorte les papilles. Vous pouvez retenir pour principe que plus une bière est forte, moins il convient de la boire froide. Inutile, donc, de laisser vos bières trop longtemps au réfrigérateur avant de les déguster. L'une des meilleures solutions pour rafraîchir une bouteille est de la laisser tremper 10-20 minutes dans de l'eau froide (et il va sans dire que mettre des glaçons directement dans la bière est une hérésie). Sachez aussi que nombre d'amateurs préfèrent boire leur bière à simple température de cave, voire carrément chambrée pour les bières les plus fortes.

## Le service

Un service dans les règles de l'art se fait dans un verre rincé à l'eau froide, égoutté mais non essuyé. On penche le verre à 45 ° environ afin de verser la bière doucement dans le verre sans trop faire de mousse, puis on le relève arrivé aux deux tiers environ afin, cette fois-ci, de produire un beau col de mousse, qui va protéger la bière de l'oxydation.

## La dégustation

Une bonne bière se déguste, comme un bon vin, en disséquant d'abord son aspect visuel (couleur, limpidité, effervescence, couleur et tenue de la mousse…), puis en la sentant pour apprécier au mieux ses arômes (n'hésitez pas à faire tourner la bière dans votre verre afin qu'elle les déploie au mieux) avant de la goûter pour percevoir ses saveurs (amère, sucrée, acide, salée), sa texture et ses principaux arômes par rétro-olfaction (l'ensemble arômes/saveurs perçu à l'intérieur de la bouche et parfois désigné par le terme de « flaveurs »).

Au nez, tentez de distinguer les arômes apportés par le malt (céréales, pain grillé, caramel, café, chocolat…) de ceux du houblon (notes fruitées, florales, herbacées…) ou de la levure. En bouche, notez d'abord la consistance de la bière et ses saveurs. Est-elle plutôt plate ou effervescente ? Plus ou moins épaisse ? Sucrée ? Amère ? Acide ou acidulée ? (Attention à ce niveau à ne pas confondre amertume et acidité, qui sont deux saveurs radicalement différentes. Un café noir est amer, le vinaigre ou le citron sont acides.) Comment définiriez-vous cette saveur ? Légère ou forte ? Agréable ou pas ? Sentez à nouveau votre bière et reprenez une gorgée. Quelles flaveurs percevez-vous ? Qu'est-ce qu'elles vous évoquent ? Notez de quelle manière les différents arômes, saveurs et flaveurs s'harmonisent.

Quelle impression générale cela vous laisse-t-il ? Au besoin, n'hésitez pas à prendre des notes.

### On remet ça ?

Lorsque l'on déguste plusieurs bières à la suite, la logique veut que l'on commence par les moins aromatiques et que l'on finisse par les plus fortes. En effet, une excellente *pils* vous semblera sans doute bien fade si vous la buvez immédiatement après une puissante quadruple belge. Si vous souhaitez vous « laver le palais » entre deux bières, sachez que manger un petit morceau de pain constitue sans doute la meilleure solution.

### À table !

La bière offre une telle diversité de styles et une telle richesse aromatique que l'on peut avancer sans trop se tromper qu'il n'existe pas un plat ou un aliment qui ne puisse s'accorder harmonieusement avec une bière. Comme la cuisine à la bière, l'art des accords mets-bières intéresse d'ailleurs de plus en plus de chefs. C'est un domaine incroyablement riche, en plein développement, qui mérite qu'on lui consacre des ouvrages entiers. Nous n'en traiterons donc pas ici (sachez juste que, si vous ne l'avez jamais fait, il serait très dommage de vous priver d'essayer l'association bière noire puissante/gâteau au chocolat).

## Et les bières en canettes ?

*Légères, solides, faciles à stocker, recyclables et protégeant bien la bière de la lumière, les canettes métalliques sont parfois présentées comme la panacée en matière de contenants pour la bière. On en voit d'ailleurs de plus en plus souvent sur les étagères des cavistes spécialisés et plusieurs brasseurs craft réputés tentent de lutter contre leur image « bas de gamme ».*

*L'idée assez répandue selon laquelle elles donneraient un goût « métallique » à la bière est une vue de l'esprit. Il suffit de verser la bière dans un verre pour ne pas sentir le métal. À la rigueur, les bières en canettes peuvent être un peu moins pétillantes que les bières en bouteilles, car elles renferment légèrement moins de CO2, mais cela s'arrête là.*

*Les canettes ne sont toutefois pas sans défauts : tout d'abord, si elles protègent bien les bières de la lumière, elles les protègent beaucoup moins de la chaleur. Ensuite, elles ne permettent pas de refermentation en bouteille. Enfin, reste le problème du bisphénol A, perturbateur endocrinien dont on a retrouvé des traces dans nombre de canettes. Son utilisation a été interdite dans l'Union européenne, mais la question se pose toujours, a priori, pour les bières en canettes provenant de pays extérieurs à l'UE (États-Unis, Grande-Bretagne...).*

# LES GRANDES FAMILLES DE BIÈRES

# LES TRAPPISTES

C'est l'une des premières règles qu'apprend l'amateur de bière : « Attention à ne pas confondre bières d'abbaye et bières trappistes. Les trappistes sont faites par des moines, les bières d'abbaye sont faites par des civils. » Pour être plus précis, l'appellation « trappiste » n'est accordée qu'à des bières brassées au sein de monastères, par les moines eux-mêmes ou sous leur contrôle. Les bières dites « d'abbaye » ne correspondent quant à elles qu'à un certain style et peuvent être produites par des brasseries privées qui entretiennent des rapports plus ou moins éloignés avec les monastères dont elles portent le nom.

Les véritables bières trappistes sont identifiables grâce au logo hexagonal *Authentic Trappist Product* qu'elles portent généralement sur leur étiquette. Onze brasseries seulement dans le monde peuvent aujourd'hui revendiquer cette appellation : six sont situées en Belgique (Achel, Chimay, Orval, Rochefort, Westmalle et Westvleteren), deux aux Pays-Bas (La Trappe et Zundert), une en Autriche (Engelszell), une aux États-Unis (Spencer) et une en Italie (Tre Fontane).

Héritières de la grande tradition du brassage monastique (même si les bières qu'elles produisent aujourd'hui sont sans doute très différentes des bières monastiques du Moyen Âge), elles sont devenues incontournables de toute cave à bières qui se respecte. Ce sont généralement des bières riches et puissantes, qui ont donné naissance aux différents styles de bières d'abbaye que nous connaissons aujourd'hui (doubles, triples et quadruples, voir chapitre suivant). Il convient toutefois de noter que toutes les brasseries trappistes ne se conforment pas à ce style « abbaye ». C'est notamment le cas de la brasserie Spencer, par exemple, qui brasse aussi bien des IPA que des *imperial stouts*, ou de l'abbaye d'Orval, avec sa bière aussi extraordinaire qu'inclassable.

Pour résumer, on peut donc dire que toutes les bières trappistes sont brassées dans des abbayes, mais que ce ne sont pas toutes des bières d'abbaye pour autant. Simple, non ?

## Orval ABBAYE NOTRE-DAME D'ORVAL

### Belgique ◉ 6,2 %

Facilement repérable à son élégante bouteille qui n'a presque pas changé depuis les années 1930, la bière d'Orval est exceptionnelle à plus d'un titre. Plus légère que la plupart des autres trappistes, elle offre une belle amertume sèche, extrêmement agréable, et une grande richesse aromatique, due à la complexité de sa méthode de production. Il est recommandé de la servir religieusement, après une période de repos en cave (de quelques jours à quelques années, car c'est une bière qui vieillit très bien), sans verser la lie (laissez un bon centimètre au fond de la bouteille). Libre à vous, cependant, de faire fi de ces conseils pour découvrir le goût des Brettanomyces (« Brett » pour les intimes), levures semi-sauvages dont raffolent certains amateurs.

### La légende d'Orval

*Le poisson avec un anneau qui figure sur l'étiquette est une référence à la légende de Mathilde de Toscane qui, ayant fait tomber son alliance (souvenir de son défunt mari) dans une fontaine de la vallée, la vit réapparaître dans la bouche d'une truite, qui lui rendit. Elle aurait dès lors baptisé l'endroit Val d'Or et décidé de donner le terrain pour qu'un monastère y soit construit.*

## Westvleteren 12

### WESTVLETEREN ABDIJ ST. SIXTUS

### Belgique ◉ 10,2 %

La plus confidentielle des bières trappistes a atteint le rang de légende en 2005 après avoir été élue meilleure bière du monde par quelques milliers d'internautes du site *Ratebeer*. Sans nier les qualités gustatives des bières produites par l'abbaye, notamment de cette quadruple, il est probable que l'aura dont elles jouissent est due en partie à leur rareté. En effet, les moines produisent chaque année une quantité limitée de bières et les distribuent au compte-gouttes. Il n'est possible, en principe, de s'en procurer qu'à la porte de l'abbaye, après avoir préalablement passé commande par téléphone, à un numéro difficilement joignable, en précisant la plaque d'immatriculation de son véhicule (deux caisses maximum par véhicule). Le prix est très raisonnable et les clients s'engagent à ne pas revendre les bières dans un but lucratif (ce qui n'empêche pas nombre de commerçants peu scrupuleux de les revendre à prix d'or).

BIERE TRAPPISTE · TRAPPISTENBIER · TRAPPIST ALE
ORVAL
0,33L
INGREDIENTS: EAU, MALT D'ORGE, HOUBLON, SUCRE CANDI, LEVURES

Westvleteren
XII

0,5l

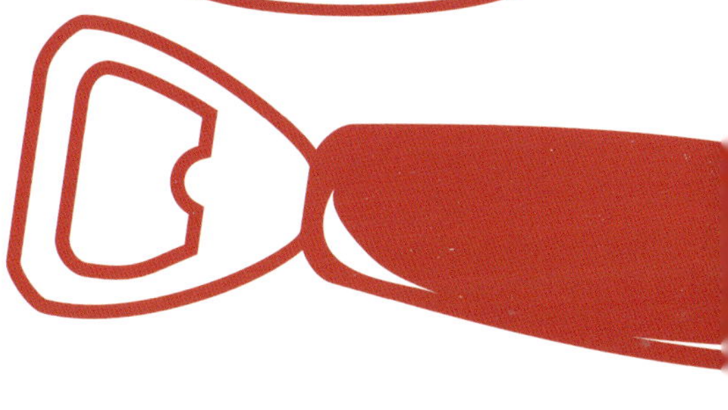

# Achel Brune

## SINT BENEDICTUS ABDIJ – DE ACHELSE KLUIS

**Belgique ◉ 8 %**

La plus jeune brasserie trappiste de Belgique a bénéficié des conseils avisés de moines brasseurs de Westmalle et de Rochefort pour élaborer ses premières bières en 1998. Disponibles uniquement sur place à la pression, elles étaient légères, car destinées avant tout aux touristes de passage. Avec l'aide d'un maître brasseur laïc, les moines ont toutefois depuis étoffé leur gamme et proposent désormais en bouteille, pour notre plus grand plaisir, deux bières plus puissantes, dont cette brune moins complexe que d'autres trappistes, qui cache bien ses 8 % d'alcool sous la douceur de son malt.

# Achel Blonde

## SINT BENEDICTUS ABDIJ – DE ACHELSE KLUIS

**Belgique ◉ 8 %**

Particulièrement douce, cette triple à la robe très claire est très agréable et facile à boire, avec des notes fruitées, de levure et une amertume épicée très légère en final.

# Chimay Rouge

## ABBAYE NOTRE-DAME DE SCOURMONT

**Belgique ◉ 7 %**

Ouverte depuis 1862, la plus célèbre des brasseries trappistes a vu ses bières connaître un tel succès qu'il a fallu externaliser l'embouteillage à quelques kilomètres de l'abbaye dans les années 1970 afin de ne pas troubler la vie monastique. Bien que la production se soit modernisée, les bières sont toujours brassées à l'abbaye et de très haute qualité, comme le prouve cette « rouge », bière double à la robe ambrée, à la fois douce et corsée.

BRUIN BIER
AUTHENTIC TRAPPIST PRODUCT
Trappist
Achel
Alc. 8% Vol
BLOND BIER
AUTHENTIC TRAPPIST PRODUCT
Trappist
Achel
Alc. 8% Vol
BRUNE
BRUIN
CHIMAY
PÈRES TRAPPISTES
AUTHENTIC TRAPPIST PRODUCT

## Chimay Bleue

### ABBAYE NOTRE-DAME DE SCOURMONT

**Belgique ◉ 9 %**

Aussi appelée Grande Réserve lorsqu'elle est vendue en grandes bouteilles, la Chimay Bleue est la bière la plus forte et la plus complexe produite par l'abbaye de Scourmont. C'est une brune puissante, avec des notes de caramel et de fruits confits. Les bouteilles sont millésimées car c'est une bière qui vieillit très bien en cave.

## Westmalle Dubbel

### BROUWERIJ DER TRAPPISTEN VAN WESTMALLE

**Belgique ◉ 7 %**

Fondée en 1794 aux environs d'Anvers par des moines trappistes français qui fuyaient la Révolution, l'abbaye de Westmalle est la plus ancienne brasserie trappiste en activité, puisque l'on y brasse de la bière depuis 1836. D'un brun profond, cette double aux notes sucrées et torréfiées est moins complexe que d'autres trappistes du même style, mais reste néanmoins agréable. Attention à bien laisser reposer la levure au fond de la bouteille.

## Westmalle Tripel

### BROUWERIJ DER TRAPPISTEN VAN WESTMALLE

**Belgique ◉ 9,5 %**

Créée en 1934 à l'occasion de l'ouverture de la nouvelle salle de brassage de l'abbaye, puis perfectionnée en 1956 sous l'égide du frère Thomas, cette bière complexe d'un beau blond doré est tout simplement celle qui a donné naissance au style triple. Le nez de céréales laisse deviner l'alcool, ce qui se confirme en bouche, avec des arômes puissants évoquant notamment l'orange et un côté sucré assez marqué. Les connaisseurs l'accompagnent d'asperges.

2017
2017
CHIMAY
PÈRES TRAPPISTES
Westmalle
TRAPPIST
Dubbel
ALC. 7%
33 CL
Westmalle
TRAPPIST
Tripel
ALC. 9,5%
33 CL

## Trappistes Rochefort 8

### ABBAYE NOTRE-DAME DE SAINT-REMY

**Belgique ◉ 9,2 %**

Fondée au XIIIe siècle, puis sécularisée en 1798 (conséquence indirecte de la Révolution française), cette abbaye fut réinvestie par des moines trappistes en 1887 afin d'y faire de la bière et du fromage. Dans leur superbe salle de brassage tout en cuivre, ils produisent aujourd'hui trois bières admirables, sous l'égide d'un maître brasseur laïc un peu magicien. Toutes dans le même esprit, elles sont nommées en fonction de leur densité respective. La 8 est ainsi moins puissante que la 10, mais peut-être un peu plus sèche et fruitée.

## Trappistes Rochefort 10

### ABBAYE NOTRE-DAME DE SAINT-REMY

**Belgique ◉ 11,3 %**

Attention, cette quadruple à la robe très brune est une bombe aromatique. Chaleureuse, capiteuse, ronde et d'une douceur telle qu'elle fait oublier sa forte teneur en alcool, c'est un bonbon malté aux notes torréfiées de chocolat, de caramel, d'épices et de fruits. Sa complexité et son équilibre remarquables lui valent d'être reconnue internationalement (et à juste titre) comme l'une des meilleures bières du monde.

## Spencer India pale ale

**SPENCER BREWERY - ST. JOSPEH'S ABBEY**

**États-Unis ◉ 7,2 %**

Installée dans l'État du Massachusetts, la Spencer Brewery est à ce jour la seule brasserie trappiste située hors d'Europe. Formés deux années durant dans les brasseries trappistes de Belgique, les moines de Spencer ont obtenu l'autorisation d'apposer le logo trappiste sur leurs bières en 2013. Ils brassent aujourd'hui pas moins de six bières différentes, dont une *pils*, un *imperial stout* et cette IPA aux arômes résineux et d'agrumes, avec une amertume prononcée qui reste longtemps en bouche.

## Spencer Trappist Ale

**SPENCER BREWERY - ST. JOSPEH'S ABBEY**

**États-Unis ◉ 6,5 %**

Inspirée d'une *patersbier* (bière de réfectoire) trappiste belge, cette *ale* à la belle robe couleur miel doré est la bière étendard de la brasserie. Au nez, on distingue des arômes de banane et de levure caractéristiques des bières belges. En bouche, elle se révèle à la fois fraîche et moelleuse, avec un pétillement et une amertume à peine perceptibles.

## Engelszell Benno

### STIFT ENGELSZELL TRAPPISTENBIER-BRAUEREI

**Autriche ◉ 6,9 %**

Fondée en 1293, l'abbaye d'Engelszell (Stift Engelszell) était réputée pour sa liqueur avant de devenir la huitième brasserie trappiste du monde, en février 2012. Elle brasse aujourd'hui trois bières : la Gregorius (voir ci-dessous), la Nivard (bière dorée, plutôt légère et fruitée) et cette Benno ambrée, aux notes maltées et épicées, avec un petit piquant acidulé.

## Engelszell Gregorius

### STIFT ENGELSZELL TRAPPISTENBIER-BRAUEREI

**Autriche ◉ 10,5 %**

Cette quadruple à la robe très foncée se distingue de ses consœurs par ses notes un peu sèches et piquantes, parfaitement équilibrées par sa grande douceur (du miel entre dans sa composition). C'est une bière puissante et capiteuse, très complexe, qui n'est pas sans faire penser à un rhum vieux, avec des notes de caramel légèrement brûlé et de prunes mûres.

## La Trappe Quadrupel

### ABDIJ O.L.V. KONINGSHOEVEN (BAVARIA)

**Pays-Bas ◉ 10 %**

En cédant leur activité brassicole au groupe Bavaria en 1999, les moines de l'abbaye de Koningshoeven auraient-ils vendu leur âme au diable ? C'est en tout cas ce que beaucoup d'amateurs pensèrent alors, d'autant que le logo attestant qu'il s'agissait d'un vrai produit trappiste disparut un temps des étiquettes (il s'agissait vraisemblablement d'un retrait volontaire, le temps pour les moines de clarifier leur situation). Depuis, les bières La Trappe sont extrêmement bien distribuées, mais certains vous diront qu'elles ont tout de même perdu un peu de leur charme.

Österreichisches Erzeugnis
Stift Engelszell
BENNO
TRAPPISTENBIER
www.stift-engelszell.at
TRAPPIST
Österreichisches Erzeugnis
Stift Engelszell
GREGORIUS
TRAPPISTENBIER
www.stift-engelszell.at
TRAPPIST
La Trappe
TRAPPIST
Quadrupel

# La Trappe Isid'Or

## ABDIJ O.L.V. KONINGSHOEVEN (BAVARIA)

**Pays-Bas ◉ 7,5 %**

Avec pas moins de neuf bières différentes, La Trappe est aujourd'hui la brasserie trappiste qui propose la gamme la plus vaste. Brassée en 2009 à l'occasion du 125e anniversaire de l'abbaye, cette Isid'Or ambrée aux notes de caramel et de céréales remporta un tel succès qu'il fut décidé de l'ajouter à la gamme standard. Le frère Isidore Laaber, qui figure sur l'étiquette, fut le premier brasseur de l'abbaye.

# Zundert

## TRAPPISTENBROUWERIJ DE KIEVIT

**Pays-Bas ◉ 8 %**

C'est en 2013 que les moines de l'abbaye Maria Toevlucht ont transformé l'étable de leur ferme en brasserie et obtenu l'appellation trappiste pour l'unique bière qu'ils y produisent. Il s'agit d'une triple somme toute assez classique, plus légère et ronde qu'une Westmalle, avec de beaux arômes de malt, de levure et des notes d'épices.

## Tre Fontane

### ABBAZIA DELLE TRE FONTANE

**Italie ◉ 8,5 %**

La dernière-née des bières trappistes (2015) est brassée au cœur même de Rome. Résolument à part des autres bières trappistes (et des autres bières tout court), elle est, conformément à une recette originale de 1873, aromatisée avec des feuilles d'eucalyptus, ce qui lui apporte une fraîcheur qui vient masquer l'alcool. Une bière surprenante, voire déroutante.

## Mont des Cats

### ABBAYE DU MONT DES CATS

**France/Belgique ◉ 7,6 %**

Mesdames et messieurs, voici la seule bière trappiste française ! Enfin... presque. En effet, si le délicieux fromage Mont des Cats est bien fabriqué dans cette abbaye nordiste, la bière de l'abbaye est, quant à elle, produite... en Belgique, par la brasserie de Chimay.

# LE GOÛT BELGE

## DES BIÈRES « D'ABBAYE » AUX BIÈRES DIABOLIQUES

Petit pays par la taille, la Belgique n'en a pas moins eu une influence immense sur le monde de la bière, puisqu'elle a donné naissance à un grand nombre des styles les plus répandus au monde. Nous nous concentrerons pour cette partie sur les bières les plus emblématiques du « goût belge », à savoir les bières dites « d'abbaye » doubles, triples, quadruples et les bières s'en rapprochant. Il s'agit de bières de fermentation haute, assez (voire très) fortes, qui mettent le malt et les levures en avant. Le sucre y est souvent assez présent et il est fréquent qu'elles subissent une refermentation en bouteille. Les autres styles emblématiques du pays (bière blanche, gueuze...) seront traités dans d'autres parties.

L'appellation « bière d'abbaye » est un terme un peu fourre-tout qui sert en principe à indiquer une inspiration monastique, mais n'a parfois d'autre intérêt que celui de véhiculer une image de tradition et de qualité à des fins marketing. Les bières d'abbaye ne sont ni brassées par des moines (voir p. 45), ni brassées au sein d'abbayes (à l'exception, notable, de la Val-Dieu). Il existe bien une dénomination « bière belge d'abbaye reconnue », mais elle atteste seulement qu'il existe un lien (financier et en terme d'image) entre la brasserie et une abbaye existante. Elle ne constitue en aucune manière un critère de qualité.

Les bières de type « abbaye » qui nous intéressent ici se divisent en fait en plusieurs styles : simples (*enkel* en flamand), doubles (*dubbel*), triples (*tripel*) et quadruples (*quadrupel* ou *Abt*). Contrairement à ce que le public pense souvent, ces dénominations n'ont rien à voir avec le nombre de fermentations subies par la bière. En effet, elles font référence à l'habitude qu'auraient eue les moines de tracer des croix sur les tonneaux en fonction de la teneur en alcool des bières concernées : une croix pour une simple (bière de table destinée aux repas des moines), deux croix pour une bière deux fois plus alcoolisée, trois croix pour une bière trois fois plus alcoolisée, etc.

Il convient toutefois de noter que ces styles tels que nous les connaissons aujourd'hui sont d'apparition assez récente. En effet, la Westmalle Tripel (voir p. 50), qui a été le déclencheur de ces appellations, a été créée au milieu du XX<sup>e</sup> siècle. Pour résumer, vous trouverez aujourd'hui principalement trois types de bières de style « abbaye » :

• Les doubles : bières brunes ayant un taux d'alcool de 6,5 à 7,5 % environ, maltées aux notes de caramel, d'épices, voire de fruits, avec un houblonnage très léger.

• Les triples : bières blondes complexes aux notes fruitées et épicées, d'un taux d'alcool généralement compris entre 7,5 et 10 %.

• Les quadruples : bières brunes de plus de 10 %, très aromatiques et complexes, puissantes, aux notes de chocolat, caramel, fruits mûrs...

Toutefois, nombre de représentantes de ce « goût belge » ne se placent pas du tout dans ce registre d'inspiration divine et échappent même à cette classification. Ainsi, on voit, par exemple aujourd'hui, de plus en plus de bières triples fortement houblonnées, avec des houblons très aromatiques, ce qui les place à mi-chemin entre les goûts belge et américain.

## Vous avez dit « triple » ?

*Contrairement à une idée souvent répandue, bière triple ne veut pas dire triple fermentation. Une triple est une bière de style abbaye triple (voir ci-contre), alors qu'une bière triple fermentation est une bière qui a été refermentée en bouteille (la plupart des bières connaissant deux fermentations : la fermentation initiale, puis une deuxième durant la période de garde). La confusion provient sans doute du fait qu'une bière triple conforme au style est, par essence, AUSSI une triple fermentation.*

# St. Bernardus Abt 12

## BROUWERIJ ST. BERNARDUS

**Belgique ◉ 10,5 %**

En charge de brasser les bières de l'abbaye Saint-Sixte jusqu'à ce que, en 1992, les moines décident de produire eux-mêmes leur légendaire Westvleteren (voir p. 46), la brasserie St. Bernardus a néanmoins continué de commercialiser la recette d'origine sous sa propre marque. Depuis, le débat fait rage chez certains amateurs : la très disponible St. Bernardus serait-elle plus ou moins identique à la très rare Westvleteren XII ? Nous laisserons au lecteur le soin de s'essayer à une dégustation comparée (de préférence avec deux bières ayant quelques années de cave, afin de leur laisser exprimer tout leur potentiel).

# Duvel DUVEL MOORTGAT

**Belgique ◉ 8,5 %**

Disponible partout en France et dans 60 pays à travers le monde, la Duvel (« diable » en flamand) est devenue un classique absolument incontournable. Son succès a été tel que la petite brasserie Moortgart est aujourd'hui devenue un mini-empire, qui a racheté plusieurs autres brasseries, en Belgique comme à l'étranger. Blonde puissante et complexe, elle est assez proche d'une triple. Sa déclinaison Tripel Hop, à 9,5 % et houblonnée à cru, remporte aussi un franc succès.

## Tripel Karmeliet

### BROUWERIJ BOSTEELS (AB INBEV)

**Belgique ◉ 8,4 %**

Brassée avec les malts de trois céréales (orge, blé et avoine), qui lui confèrent une grande douceur et un certain corps, cette bière créée dans les années 1990 serait, d'après les brasseurs, l'héritière d'une recette de 1679. Blonde extrêmement douce, sucrée, mêlant goût de céréales et notes d'agrumes et d'épices, elle remporte un franc succès auprès du grand public. Le rachat récent de la vieille brasserie familiale Bosteels (qui brasse aussi la Kwak et la Deus) par le géant AB InBev a fait frémir certains amateurs, qui craignent une baisse de la qualité, mais sa popularité ne se dément pas pour l'instant.

## Abbaye des Rocs

### BRASSERIE DE L'ABBAYE DES ROCS

**Belgique ◉ 9 %**

Considérée comme l'une des meilleures représentantes des bières d'abbaye au monde, l'Abbaye des Rocs est une bière brune puissante, petite bombe de malt au goût de caramel, avec des notes d'anis et d'épices. Elle a la particularité d'être brassée sans aucun ajout de sucre, une originalité pour ce type de bière, ce qui ne l'empêche pas d'être assez sucrée au goût.

# Poperings Hommelbier

## BROUWERIJ VAN EECKE

**Belgique ◉ 7,5 %**

Produite dans la région d'Ypres, capitale du houblon en Belgique, cette blonde spéciale fut considérée durant un temps comme l'une des plus houblonnées de Belgique. Ne vous attendez toutefois pas à un houblonnage très marqué façon IPA : c'est une bière équilibrée qui accompagne à merveille un repas léger et offre l'avantage supplémentaire de se trouver assez facilement.

# Pannepot

## DE STRUISE BROUWERS

**Belgique ◉ 10 %**

Extrêmement prisée des connaisseurs, cette « vieille bière du pêcheur » est une quadruple épicée tirant légèrement vers le *stout*. Aussi puissante que complexe, elle allie agréablement le sucré et l'amertume, avec des notes de caramel, de prune et d'épices. C'est une superbe bière qui vieillira idéalement en cave, raison pour laquelle chaque bouteille est millésimée.

## La Rulles Triple

### BRASSERIE ARTISANALE DE RULLES

**Belgique ◉ 8,4 %**

Lorsqu'il a commencé à commercialiser ses premières bières en l'an 2000, Grégory Verhelst ne s'attendait sans doute pas à un tel succès. Aujourd'hui, ses bières sont connues des amateurs du monde entier : il exporte 50 % de sa production. À la fois ancrée dans la tradition et résolument originale, notamment grâce à l'emploi de houblons américains très aromatiques, cette triple est un bel exemple de son inventivité.

## Gouden Carolus Classic

### BROUWERIJ HET ANKER

**Belgique ◉ 8,5 %**

Grande classique des bières brunes spéciales belges, la « Carolus d'Or » est brassée à Malines par l'une des plus anciennes brasseries de Belgique (elle aurait plus de 500 ans). Son nom fait référence à une monnaie frappée sous le règne de l'empereur Charles Quint, qui a grandi à Malines. C'est une grande bière, sombre et complexe, aux arômes puissamment maltés (caramel, fruits mûrs...), assez sucrée. Délicieuse en accompagnement de gibier.

## Duchesse Anne

### BRASSERIE LANCELOT

**France ◉ 7,5 %**

Comptant parmi les pionnières du renouveau français des bières régionales, la brasserie Lancelot brasse depuis 1990 des bières qui rendent hommage à des icônes de la culture bretonne, comme cette Duchesse Anne, triple plutôt ronde et agréable, assez légère et équilibrée pour plaire au plus grand nombre.

BIÈRE DE GAUME
La Rulles
TRIPLE
classic
BROUWERIJ HET ANKER
MECHELEN SINDS 1471
GOUDEN
CAROLUS
classic
BRUIN DEGUSTATIEBIER
VAN HOGE GISTING
BELGISCH BIER - BELGIAN BEER - BIERE BELGE
Duchesse
Anne
Triple

## Cerberus

### BRASSERIE DE L'ÊTRE

**France ◉ 7,5 %**

Réalisées par un ami tatoueur, les très belles étiquettes de la brasserie de l'Être (voir aussi p. 81) figurent pour la plupart des animaux mythiques, comme c'est le cas pour cette triple et son chien à trois têtes. Plus légère et moins « mordante » que ce à quoi l'on pourrait s'attendre, elle allie rondeur et fraîcheur et s'avère très agréable à boire.

## La Buteuse

### LE TROU DU DIABLE

**Canada ◉ 10 %**

Inspirée des triples belges, La Buteuse est beaucoup plus une talentueuse réinterprétation du style qu'une simple copie sans âme. D'une grande douceur (résultat sans doute de l'adjonction de blé), très parfumée, elle séduit les amateurs chevronnés comme les novices.

## Gulden Draak

### BROUWERIJ VAN STEENBERGE

**Belgique ◉ 10,5 %**

Immédiatement identifiable à sa bouteille blanche décorée d'une image du dragon doré qui orne la flèche du beffroi de Gand, la Gulden Draak, parfois qualifiée de « triple foncée », est une bière sirupeuse, très sucrée, aux notes de caramel et de fruits confits. Facilement disponible et relativement peu onéreuse, c'est une bière qui s'utilise bien en cuisine, en remplacement, par exemple, d'un vin rouge pour une sauce.

[Cerberus]
n.m. - cave canem
{Ê}
LE TROU DU DIABLE
LA BUTEUSE
Bière divine extra-forte
10% alc./vol.
Extra Strong Divine Ale
375 ml
BROUWERIJ
Van Steenberge
Gulden Draak
Alc. 10,5% vol.
inh.33cl-cont.330ml e

# Pauwel Kwak

## BROUWERIJ BOSTEELS (AB INBEV)

**Belgique ◉ 8 %**

Voici une bière dont la renommée doit énormément à la légende entourant son célèbre verre sur socle de bois (voir l'encadré), au point qu'il volerait presque la vedette à la Kwak en elle-même, bière ambrée forte aux notes de caramel, qui s'avère agréable à boire en dépit de son côté assez sucré. Et il faut reconnaître que le folklore entourant le verre ajoute un charme indéniable à la dégustation.

### Le verre pour cochers… un mythe ?

*À en croire la brasserie Bosteels, le célèbre verre en forme de sablier de la Kwak fut inventé au XVIII^e siècle par l'aubergiste Pauwel Kwak afin de servir les cochers de passage sans qu'ils aient à quitter leur attelage, le verre s'accrochant à un porte-verre fixé dans ce but à la calèche. Malheureusement, aussi sympathique soit cette anecdote, les preuves historiques de sa véracité sont bien difficiles à trouver. Ceux qui aimeraient en connaître l'origine noteront qu'une histoire très similaire circule dans les pubs anglais à propos des yard glasses, très longs verres ressemblant à s'y méprendre à un verre de Kwak allongé, dont la grande taille aurait permis aux cochers de les attraper rapidement sans qu'ils aient à descendre de leur calèche. Aussi vraisemblable cette version puisse-t-elle paraître, elle a toutefois été battue en brèche par l'historien de la bière Martyn Cornell, qui a pointé du doigt le fait qu'il n'existe à ce jour aucune preuve formelle de l'existence de tels « verres pour cochers ».*

## Corsendonk Agnus

### BROUWERIJ CORSENDONK/ BRASSERIE DU BOCQ

**Belgique ◉ 7,5 %**

Bière triple d'abbaye assez typique, très facilement disponible, la Corsendonk Agnus est brassée par la brasserie Du Bocq pour le compte de la brasserie Corsendonk (qui ne brasse plus de bières) depuis sa création en 1982. La double de la même brasserie, baptisée Pater, est également très correcte.

## Bush ambrée

### BRASSERIE DUBUISSON

**Belgique ◉ 12 %**

Plus ancienne brasserie wallonne en activité, la brasserie Dubuisson appartient à la même famille depuis 1769 ! Huit générations de brasseurs s'y sont succédé. La Bush Ambrée est elle-même un monument historique, puisqu'elle est commercialisée sous ce nom (*Bush beer*, traduction littérale de « bière du buisson » en anglais) depuis 1933. Créée à l'origine pour résister à l'invasion des *pils* en surfant sur la mode des bières anglaises (grâce à des houblons britanniques), elle se vanta longtemps d'être « la plus forte des bières belges ». C'est une bière liquoreuse aux notes de caramel et de fruits confits.

## Maredsous Brune 8

### DUVEL MOORTGAT

**Belgique ◉ 8 %**

Brassées par Duvel pour l'abbaye de Maredsous depuis 1963, les bières de la marque Maredsous ont l'avantage d'être des valeurs sûres des bières d'abbaye, très facilement disponibles pour le grand public. La 8 (double, brune) et la 10 (triple) sont particulièrement intéressantes.

## La Fin du Monde

### UNIBROUE (SAPPORO)

**Canada ◉ 9 %**

Brasserie pionnière du renouveau de la bière artisanale au Canada, Unibroue s'est fait connaître dans les années 1990 par la qualité de ses bières d'inspiration belge… et aussi un peu parce que le chanteur Robert Charlebois, grand amateur de bonnes bières, avait pris part à l'entreprise. Depuis, la brasserie a changé de mains plusieurs fois, mais son succès ne s'est jamais démenti. Bière vedette de la brasserie, La Fin du Monde est une triple à la robe trouble, à la saveur douce et équilibrée, dominée par un goût de céréales et de levures aux notes légèrement épicées.

## Jambe-de-Bois

### BRASSERIE DE LA SENNE

**Belgique ◉ 8 %**

Facilement reconnaissable à ses belles étiquettes amusantes et rétro, la dynamique brasserie bruxelloise de la Senne a rapidement su se faire un nom chez les amateurs de bières. Plus dans la lignée des jeunes brasseries *craft* amoureuses des bières très houblonnées que du classicisme belge, elle revisite ici la triple d'abbaye avec force houblons aromatiques qui lui apportent une amertume franche (elle serait « la triple la plus amère de Belgique »).

BIÈRE BELGE D'ABBAYE - BELGISCH ABDIJBIER
Maredsous
ABBAYE-ABDIJ
TRADITION BENEDICTINE
alc. 8% vol.
330ml ℮
BRUNE BRUIN
UNIBROUE
LA FIN DU MONDE
BIÈRE TRIPLE
TRIPLE ALE
BIÈRE EXTRA FORTE SUR LIE
EXTRA STRONG ALE ON LEES
9%
ALC./VOL.
341 mL
UNIBROUE
JAMBE-DE-BOIS
BELGIAN REVOLUTION TRIPLE
BRASSERIE DE LA SENNE
MADE IN BRUSSELS BELGIUM
BIER/BIERE/BEER/ALE/BIRRA DOPPIO MALTO/CERVEZA/ØL/OLUT/ÖL

# Delirium Tremens

## BROUWERIJ HUYGHE

**Belgique ◉ 8,5 %**

Bouteille peinte façon poterie, nom provocateur, éléphants roses sur l'étiquette… s'il y a bien une chose que l'on ne peut reprocher à la brasserie Huyghe, c'est de ne pas avoir le sens du marketing. Il lui est d'ailleurs souvent reproché (non sans raison) de faire beaucoup de bières « gadgets », qui mettent plus l'accent sur la loufoquerie que sur la qualité. Toutefois, il ne faut pas jeter le bébé avec l'eau du bain : la Delirium Tremens est une bière tout à fait correcte et, par l'intérêt qu'elle suscite, elle sert souvent de premier pas vers une découverte d'autres spéciales belges.

# Silvanecte

## BRASSERIE ST RIEUL

**France ◉ 8,5 %**

Créée en 1998 à Trumilly, dans l'Oise, la petite brasserie St Rieul n'a depuis cessé de conjuguer simplicité et excellence avec ses bières d'inspiration belge. Brassées dans une ferme du XIX$^{e}$ siècle, elles ont le mérite d'être très bien faites et de plaire au plus grand nombre. La Silvanecte (nom des peuples gaulois de la région de Senlis) est une bière triple ayant subi un houblonnage à cru, ce qui lui confère un très bel équilibre entre malt et houblons… et la rapprocherait presque d'une « IPA belge » (la frontière est ténue)

# LES ALES LÉGÈRES

## BIÈRES BLONDES ET AMBRÉES « DE BASE », SAISONS, BIÈRES DE GARDE, FARMHOUSE ALES, PALE ALES, RED ALES...

Lorsqu'une brasserie s'installe en France, il est habituel que la première bière qu'elle propose à la vente soit une blonde ou une ambrée légère de fermentation haute. Faciles à boire et plaisant au plus grand nombre, ces bières « de base » constituent souvent pour le grand public une porte d'entrée vers les « bonnes » bières. Ce sont d'ailleurs souvent des choix idéaux lorsque l'on souhaite servir une bière à des invités dont on ne connaît pas trop les goûts.

Baptisées *pale ales* ou *golden ales* en anglais, ces « blondes » peuvent mettre plus ou moins l'accent sur le malt et le houblon, mais elles sont généralement assez passe-partout. Jouissant d'un malt plus typé car plus torréfié, les « ambrées » (baptisées *amber ales* ou *red ales* dans les pays anglo-saxons) peuvent se démarquer un peu plus les unes des autres, mais restent, dans l'ensemble, assez génériques. Ce sont néanmoins d'excellentes bières apéritives et elles se comportent aussi souvent très bien à table.

Originaire de Wallonie, le style de bière *saison* correspondait à l'origine à des bières fermières, brassées en hiver afin d'abreuver les ouvriers agricoles en été. Il s'agit de bières très sèches et désaltérantes, généralement assez peu alcoolisées, avec un houblonnage important, qui met l'accent sur les notes herbacées et florales. Un temps tombé dans l'oubli, ou presque, il connaît aujourd'hui un véritable regain d'intérêt et fait des émules dans le monde entier, notamment outre-Atlantique, où certains brasseurs ont même inventé l'*imperial saison*, une saison beaucoup plus forte en alcool.

Petites-cousines françaises des saisons belges, les bières de garde sont issues du nord de la France. Elles ne constituent pas vraiment un « style » à proprement parler, puisque l'on retrouve sous cette appellation des bières de couleurs et de goûts assez variés, mais elles ont toutefois plusieurs points communs. Plus rondes et maltées que les saisons, elles sont aussi souvent plus alcoolisées, mais restent toutefois moins sucrées et plus sèches que les bières d'abbaye belges.

Outre-Atlantique, les bières qui se rapprochent des bières de garde par l'esprit et par le goût sont souvent qualifiées de *farmhouse ales* (« bières fermières »). Cette appellation est toutefois quelque peu abusive car, en principe, une bière fermière est une bière produite à la ferme, avec les ingrédients issus des cultures de la ferme, comme le fait, par exemple, la brasserie Garland en France (voir p. 188).

## Jenlain Ambrée BRASSERIE DUYCK

**France ◉ 7,5 %**

Cette bière-monument est à l'origine même de l'appellation bière de garde, qu'elle a fait la première apparaître sur son étiquette à sa création en 1968 (mais la brasserie fut fondée en 1922 par l'arrière-grand-père du dirigeant actuel). Popularisée notamment par les étudiants lillois dans les années 1970, elle est peu à peu devenue emblématique du nord de la France. Et si la brasserie Duyck, dont la production est désormais d'ampleur industrielle, a depuis considérablement étoffé sa gamme, la Jenlain Ambrée aux notes de caramel en reste la vedette incontestée.

## Saison Dupont BRASSERIE DUPONT

**Belgique ◉ 6,5 %**

Brassée depuis 1844 dans le Hainaut, la Saison Dupont est un modèle emblématique du style, un classique incontournable. Très facilement disponible et bon marché, c'est la bière idéale pour découvrir le goût d'une « vraie » saison, qui met en avant les céréales, les notes herbacées et une sécheresse rafraîchissante.

## Page 24 Réserve Hildegarde ambrée

BRASSERIE SAINT GERMAIN

**France ◉ 6,9 %**

Créée en 2003 par deux frères et un ami, la brasserie nordiste Page 24 (référence à une page supposément disparue d'un traité d'Hildegarde de Bingen, voir p. 12) est fermement ancrée dans son « terroir », puisqu'elle n'utilise que des malts et houblons provenant de sa région. Produit phare de la brasserie, la Réserve Hildegarde est une bière de garde superbement faite et équilibrée qui séduit aussi bien le grand public que les amateurs avertis.

RECETTE ORIGINALE DEPUIS 1922
BRASSERIE DUYCK DE PÈRE EN FILS DEPUIS 1922
JENLAIN
AMBRÉE
BIÈRE DE GARDE BRASSÉE AU VILLAGE DE JENLAIN
Brasserie Dupont
Tourpes • Belgique
Saison Dupont
Bière refermentée en bouteille • Bier met nagisting in de fles
℮75cl
Saveurs en OR
Page 24
BIÈRE DE GARDE
ARTISANALE DU NORD
BIÈRE AMBRÉE
Réserve Hildegarde
Médaillée en 2007, 2009 et 2010
au Concours Général Agricole de Paris.
Son goût légèrement grillé
est obtenu grâce à l'utilisation
de malts torréfiés.

## Cuvée des Jonquilles

### AU BARON

**France ◉ 7 %**

Très joliment située en bord de rivière, la taverne Au Baron brasse ses propres bières depuis 1989. Ainsi nommée en référence aux jonquilles qui viennent emplir le paysage au printemps, la Cuvée des Jonquilles ne devait être au départ qu'une bière de printemps, mais elle a remporté un tel succès qu'elle a fini par être brassée toute l'année. Très rafraîchissante, elle n'est pas sans rappeler, par moment, les saisons belges. Il faut dire que Gussignies, où est installée la taverne/brasserie, se trouve en plein sur la frontière belge.

## L'Angelus au Froment

### BRASSERIE LEPERS

**France ◉ 7 %**

Aux mains de la même famille depuis plus d'un siècle, la brasserie Lepers fut créée à l'origine par un agriculteur, Auguste Maille, qui brassait durant l'hiver les bières destinées aux ouvriers agricoles travaillant sur ses terres. À la fin des années 1980, Bertrand Lepers, descendant d'Augustin Maille, créa l'Angelus afin de résister à la terrible concurrence des brasseries industrielles. Excellente bière de garde, régulièrement primée au concours général agricole, elle se caractérise par des notes d'agrumes et un côté plutôt sucré.

## La Choulette ambrée

### BRASSERIE LA CHOULETTE

**France ◉ 8 %**

La Choulette tient son nom d'un ancien jeu du Nord, la cholette, ancêtre du hockey sur gazon (plus précisément, la cholette désignait la balle en bois). C'est une très bonne bière de garde, avec des notes de caramel et d'épices, facilement disponible, qui accompagne idéalement une cuisine un peu relevée.

Brassée et embouteillée
Cuvée
des
Jonquilles
BLONDE
BIERE DE GARDE DE HAUTE FERMENTATION
Brassage traditionnel - non filtrée et refermentée en bouteille
Depuis 1905
L'Angelus
AU FROMENT
Alc. 7% VOL
BIÈRE
Brasserie Lepers
75 Cl
BEER
La Chapelle d'Armentières
Depuis 1885
Bière Artisanale
Dans la Tradition
LA CHOULETTE
AMBRÉE
Bière de Garde
Artisanale
Brassée en Ostrevant
avec les orges maltées et les houblons les plus fins
par la Brasserie Artisanale La Choulette
Retrouvez la Brasserie LA CHOULETTE www.lachoulette.com

## Bon Poison Originale

**BON POISON**

**France ◉ 5,5 %**

Montée en partie grâce à un financement participatif, Bon Poison fait partie des petites brasseries qui montent sur la scène brassicole française grâce à ses bières inspirées et de bonne facture, comme cette Originale, bière blonde « de base » de la brasserie, *pale ale* légère, bien maltée et peu amère. Les étiquettes colorées et très accrocheuses ne gâchent rien.

## Les 3 Loups ambrée

**BRASSERIE LES 3 LOUPS**

**France ◉ 6,5 %**

Autoproclamée « meilleure brasserie de Trélou-sur-Marne », la brasserie Les 3 Loups a réussi à s'imposer assez rapidement dans le paysage brassicole français avec une gamme de bières assez classiques, mais très bien faites. C'est, par exemple, le cas de cette bière ambrée, où malts et houblons s'équilibrent très agréablement.

## Saison du Tracteur

**LE TROU DU DIABLE**

**Canada ◉ 6 %**

Tel un fermier qui parlerait wallon avec un accent québécois, cette saison de la brasserie du Trou du Diable mêle la sécheresse et le côté épicé des saisons belges au nez fruité des houblons américains. Une belle réussite, très agréable.

## Oliphant Jérakine

**BRASSERIE DE L'ÊTRE**

**France ◉ 6,5 %**

Installée à Paris, à deux pas des quais aujourd'hui très en vogue du bassin de la Villette, la brasserie de l'Être a réussi en très peu de temps à devenir l'une des plus renommées de la capitale avec ses bières produites à partir de malts bio français et de houblons français. À mi-chemin entre une saison belge et une IPA américaine (pour le côté houblonné), cette Oliphant Jérakine s'avère très plaisante à boire et remporte un franc succès auprès du public.

# Étoile du Nord

## BRASSERIE THIRIEZ

**France ◉ 5,5 %**

Saison fortement houblonnée avec des houblons du Kent, au point de flirter avec l'IPA, l'Étoile du Nord est l'une des bières emblématiques de Daniel Thiriez, l'un des grands précurseurs du renouveau de la brasserie française des années 1990. À la fois légère et complexe, avec une belle amertume houblonnée, c'est une bière idéale à l'apéritif.

# Tank 7

## BOULEVARD BREWING COMPANY (DUVEL-MOORTGAT)

**États-Unis ◉ 8,5 %**

Avec ses 8,5 % d'alcool, il est difficile de considérer cette *farmhouse ale* comme une *ale* « légère », il s'agit en fait plutôt d'une saison un peu forte (ou une imperial saison légère, à vous de voir). L'accent est mis sur les céréales et la levure, mais les notes d'agrumes du houblon se font tout de même remarquer

# After Work

## O'CLOCK BREWING

**France ◉ 5 %**

Une excellente *red ale* (bière ambrée), tirant vers la *brown ale* (bière brune), avec des notes de torréfaction (café, chocolat) étonnantes pour un degré d'alcool si peu élevé. Une preuve de plus du talent incontestable de la brasserie O'Clock.

Etoile du Nord
blonde houblonnée
Brasserie Thiriez
SMOKESTACK
TANK
7
FARMHOUSE ALE
FLUID OUNCES
boulevard.com
BREWING COMPANY, KANSAS CITY,
AFTER WORK
bière
red ale
beer
www.oclockbrewing.fr

## 3 Monts

**BRASSERIE DE SAINT SYLVESTRE**

**France ◉ 8,5 %**

Avec sa robe dorée, son malt relevé de notes fruitées, voire épicées, et son taux d'alcool de 8,5 %, la 3 Monts est une bière du Nord qui flirte sérieusement avec ses voisines triples de Belgique. Son bouchon retenu par un étrier métallique est une originalité qui lui ajoute un certain charme.

## Coreff ambrée bio

**BRASSERIE COREFF**

**France ◉ 5 %**

Véritable pionnière de la renaissance des microbrasseries en France, la brasserie bretonne Coreff a été créée au milieu des années 1980 afin d'offrir une alternative aux bières insipides qui dominaient alors le territoire français. C'est ainsi que naquit la Coreff Ambrée, inspirée des *real ales* britanniques, aujourd'hui très facile à se procurer, y compris dans sa version « bio ».

## Bellerose

**BRASSERIE DES SOURCES**

**France ◉ 6,5 %**

Créée en 1998, suite au tournage du film *Germinal*, par une association regroupant entre autres Claude Berri, Jean-Pierre Coffe, Gérard Depardieu, Miou Miou et Renaud, la brasserie des Amis Réunis est devenue brasserie des Sources après son rachat en 2005. Gros succès commercial, sa Bellerose est une bière de garde qui louche légèrement vers l'IPA, houblonnée à cru avec trois houblons différents, qui lui confèrent des notes légères d'agrumes et de litchi.

## Birra Nazionale

**BALADIN**

**Italie ◉ 6,5 %**

Se revendiquant comme la première bière brassée entièrement avec des ingrédients d'origine italienne (notamment les houblons), cette « bière nationale » se veut « volontairement simple », mais s'avère plus complexe qu'il n'y paraît. Elle séduira le plus grand nombre par sa douceur, la fraîcheur de ses arômes et son équilibre.

# SO BRITISH

## BITTERS, OLD ALES, STRONG ALES, SCOTCH ALES ET BARLEY WINES

Il est difficile, lorsque l'on évoque la bière britannique en public, d'échapper à l'image de la cervoise tiède servie à un Obélix dépité dans *Astérix chez les Bretons*. Pourtant, bien prétentieux serait celui qui penserait pouvoir faire la leçon aux Britanniques en matière de bière. Fort d'une expérience de plus de 2 000 ans, le Royaume-Uni a toujours été un bastion des bières de qualité, notamment au travers de ses célèbres pubs, où est servie de la *real ale*, bière de fermentation haute conditionnée en *casks* (tonneaux traditionnels, dans lesquels la bière évolue) et non en *kegs* (fûts métalliques utilisés partout ailleurs, avec adjonction de gaz carbonique pour pousser la bière en pression).

Pour les amateurs de bière, le Royaume-Uni a surtout été à l'origine d'une multitude de styles particulièrement appréciables et appréciés aujourd'hui, au point de s'être vu presque dépossédé de certains d'entre eux, comme l'*India pale ale*, devenu le style vedette du renouveau des bières artisanales après avoir été revisité outre-Atlantique (voir p. 125) ou les *stouts* et *porters*, qui sont aujourd'hui déclinés dans de nombreuses recettes de par le monde (voir p. 99).

Les *bitters* (« amères ») constituent les bières de base des pubs anglais. Faciles à boire, légères en alcool, elles sont houblonnées avec des houblons locaux qui leur confèrent des arômes résineux assez discrets, qui s'équilibrent bien avec des malts plus ou moins torréfiés allant du blond au brun. Les versions disponibles en bouteilles de notre côté de la Manche sont souvent des ESB (*Extra Special Bitter*), un peu plus fortes.

Les *barley wines* (vins d'orge) sont des bières puissantes, souvent très alcoolisées, qui développent des notes complexes de caramel, de fruits secs et de cuir, avec souvent la présence de houblons plus ou moins résineux en arrière-plan. Ce sont des bières qu'il est fortement recommandé de faire vieillir en cave, afin de leur faire gagner en rondeur et en complexité. Très prisées des amateurs, elles se dégustent lentement à la manière d'un vieux cognac.

Petites sœurs des *barley wines*, souvent plus légères (quoique certaines peuvent dépasser les 10 % ABV) et moins complexes, les *strong ales* (littéralement « bières fortes ») sont aussi parfois appelées *old ales* (« bières vieilles ») lorsqu'elles ont été vieillies en fûts.

Enfin, les *Scotch ales* (appelées localement *wee heavies*) sont, comme leur nom l'indique, une spécialité écossaise. Bières ambrées fortes, souvent complexes, elles ne sont pas sans rappeler les *barley wines* anglais, avec cependant un côté moins houblonné, plus malté et souvent plus sucré. Sans vouloir entrer dans les clichés, ce sont des bières idéales pour se remettre d'une longue promenade dans la nature en automne ou en hiver.

## Fuller's London Pride

### FULLER'S

**Angleterre ◉ 4,7 %**

Brassée depuis 1959, mais issue d'une recette remontant au moins au XIXᵉ siècle, la London Pride est sans doute la bière la plus prisée de cette brasserie, qui compte parmi les plus anciennes d'Angleterre (elle brasse de la bière depuis au moins 350 ans). Très facilement disponible et bon marché, cette bitter emblématique est très facile à boire car bien équilibrée. Un grand classique.

## Traquair House Ale

### TRAQUAIR HOUSE

**Écosse ◉ 7,2 %**

La première mention de bière brassée à Traquair House, château situé à proximité de la frontière anglaise et appartenant à une branche de la famille royale d'Écosse (les Stuart), date de 1566, mais c'est en 1965 que le 20ᵉ lord de Traquair restaura la brasserie. C'est une superbe bière aux notes de caramel, complexe et équilibrée, emblématique du style écossais. À déguster idéalement un soir d'orage, devant la grande cheminée d'un vieux château hanté.

## Old Tom

### ROBINSONS

**Angleterre ◉ 8,5 %**

Brassée par la brasserie Robinsons depuis 1899, cette *old ale* est presque aussi ancienne que la brasserie elle-même (1859). Baptisée « vieux Tom » en l'honneur du chat de la brasserie (dont un croquis figure dans le carnet du brasseur de l'époque, à la date du premier brassin), c'est une *strong ale* correcte, avec des notes de caramel, de fruits secs et de prune, mais qui s'évanouissent assez rapidement lorsqu'elle est bue trop jeune.

AWARD WINNING ALE
FULLER'S
CHISWICK
LONDON PRIDE
Outstanding
PREMIUM ALE
BREWED BESIDE THE THAMES
SINCE 1845
11.2 fl.oz. / 330 ml
TRAQUAIR
House Ale
A potent Liquor as brewed by the Laird in the ancient Brew House of the Oldest inhabited House in Scotland
Alc. 7.2% Vol. 330ml e
Brewed at
Traquair House
Innerleithen
Peeblesshire
THE WORLD'S
BEST ALE
ROBINSONS
ROBINSONS
OLD TOM
THE
ORIGINAL
OLD TOM
STRONG ALE

## 90/~ Wee Heavy

### BELHAVEN BREWERY (GREENE KING)

**Écosse ◉ 7,4 %**

Fondée en 1719, la brasserie Belhaven compte parmi les plus anciennes d'Écosse. Lancée en 2014, la 90/~ est son interprétation du style traditionnel *wee heavy*. Relativement légère pour une *Scotch ale*, elle n'en reste pas moins liquoreuse, assez sucrée mais sans que cela ne nuise à l'ensemble, avec un goût de caramel marqué et des notes de fruits confits.

## Ola Dubh 18 Years Old

### HARVIESTOUN BREWERY

**Écosse ◉ 8 %**

Ola Dubh est une gamme de *old ales* vieillies en fûts de whisky single malt Highland Park de différents âges (ici un fût de whisky 18 ans d'âge), donnant des résultats distincts. Une étonnante merveille de la brasserie écossaise à la petite souris, avec des notes… de whisky, mais aussi de chocolat, de fruits secs et un léger côté fumé.

## Old Foghorn

**ANCHOR BREWING COMPANY (SAPPORO)**

**États-Unis ◉ 8,8 %**

Brassée depuis 1975, la Old Foghorn (« vieille corne de brume ») est le plus ancien *barley wine* américain. Ample, complexe et très conforme au style en dépit de son taux d'alcool relativement faible, c'est un classique indémodable, à déguster de préférence en admirant le coucher du soleil sur la baie de San Francisco.

## Slap A Banker

**LA DÉBAUCHE**

**France ◉ 12 %**

La talentueuse brasserie angoumoisine La Débauche a sorti cette « claque au banquier » comme un pied de nez (« un règlement de comptes en liquide », pour citer l'étiquette) aux banques qui lui refusaient le prêt qui leur aurait permis de s'agrandir. C'est une excellente interprétation du style barley wine, plutôt douce, avec des notes de caramel et de fruits confits, une bière qui doit très bien vieillir en cave.

## Page 24 Barley Wine Whisky Barrel

### BRASSERIE SAINT GERMAIN

**France ◉ 10,9 %**

À côté de sa gamme traditionnelle, l'excellente brasserie Saint Germain (Page 24, voir p. 76) propose toute une gamme de bières plus spéciales sous l'appellation Black Label incluant, entre autres, une double IPA, une *sour ale* (voir p. 154), un *robust porter* et un très bon *barley wine*, bien équilibré entre malt et houblons. C'est ce même *barley wine* qui nous est ici proposé vieilli en fûts de whisky, ce qui lui confère des notes vanillées très plaisantes. Une bière à laisser vieillir en cave et à redéguster dans quelques années.

## Rest In Peace

### CREW REPUBLIC

**Allemagne ◉ 10,1 %**

La jeune brasserie munichoise Crew Republic nous offre ici une déclinaison plutôt légère du style *barley wine*, avec un goût de caramel marqué, qui tendrait presque par moments vers le miel, et un côté très sucré qui devrait s'atténuer avec quelques années de cave.

## Bommen & Granaten

### BROUWERIJ DE MOLEN

**Pays-Bas ◉ 15,2 %**

Fondée en 2004, la brasserie De Molen (« Du Moulin » en néerlandais) est rapidement devenue « culte » auprès des amateurs de bière du monde entier grâce à sa large palette de bières exceptionnellement aromatiques et bien faites. Particulièrement puissant, ce *barley wine* liquoreux et très complexe, évoquant parfois un gâteau aux fruits confits, est à réserver aux amateurs du genre. Il se décline en différentes versions, avec des vieillissements en fûts différents (fût de Bordeaux, de Bowmore, etc.).

BARREL SERIE
Page 24
Bière Artisanale vieillie en fût
Page 24
WHISKY BARREL
BARLEY WINE
10.9% Alc/Vol
6 MONTHS AGED
33 cl.
R.I.P.
REST IN PEACE
BARLEY WINE
SINCE MMXI
CREW Republic
REST IN PEACE
BARLEY WINE
HANDCRAFTED
BEER FROM
München
Bommen & Granaten
Barley Wine
Extra strong beer
Bière extra-forte
32° Plato
www.brouwerijdemolen.nl
Ingredients: water, pils, munich and caramel barley malts, sladek, premiant and saaz hops, yeast (top fermenting).
Enjoy within 25 years. Keep cool and dark.
Recommended drinking temperature 15° C.
Product of the Netherlands/Produit des Pays-Bas
Produced by/Produit par:
Brouwerij de Molen, Doortocht 4, NL-2411 DS Bodegraven
Unpasteurized
15.2% ALC/VOL
33cl/330ml
please drink responsibly
bottled on: see back label
no deposit please recycle
8 717624 421143
BROUWERIJ
DE MOLEN

## Innis & Gunn Original

**INNIS & GUNN**

**Écosse ◉ 6,6 %**

La sérendipité est le fait de découvrir quelque chose de manière inattendue alors que l'on cherchait autre chose. C'est exactement de cette manière qu'est née cette bière. En 2002, cherchant à fabriquer un whisky aux notes de bière, le célèbre fabricant William Grant demanda au brasseur Dougal Sharpe d'élaborer une *strong ale* destinée à être entreposée un mois dans les fûts où vieillirait ensuite le whisky, afin de transmettre au whisky certaines notes de la bière qui venait d'y être gardée. Avant de jeter la bière comme prévu à l'origine, décision fut prise de la goûter. Elle était bonne. La Innis & Gunn Original était née.

## Bombardier Glorious English Ale

**CHARLES WELLS (MARSTON)**

**Angleterre ◉ 5,2 %**

Vieille brasserie régionale établie à Bedford depuis 1876 (et rachetée par la chaîne de pubs Marston en 2017), la brasserie Charles Wells arbore fièrement les couleurs de l'Angleterre sur sa bouteille de Bombardier (nom donné en hommage au boxeur Billy Wells champion du monde poids lourds de 1911 à 1919). C'est une ESB (*Extra Special Bitter*) correcte, qui a l'avantage d'être bon marché et facilement disponible.

## Gordon Finest Scotch

**JOHN MARTIN**

**Belgique ◉ 8 %**

Produite un temps en Écosse, mais brassée de très longue date en Belgique par la brasserie John Martin, la Gordon Finest Scotch (anciennement baptisée Gordon Scotch Ale ou Douglas Scotch Ale) est une *scotch ale* très facile à trouver, y compris en supermarché, mais on peut regretter son manque de complexité et son goût extrêmement sucré lorsqu'elle est jeune.

INNIS & GUNN
OAK AGED LIKE NO OTHER BEER
BREWED IN SMALL BATCHES
OAK AGED BEER
UNLOCK THE FLAVOUR
INNIS & GUNN
ORIGINAL
SMOOTH SCOTTISH BEER WITH HINTS OF TOFFEE, VANILLA AND OAK
HAND-CRAFTED SCOTTISH BEER
EDINBURGH
Damned TASTY
BOMBARDIER
GLORIOUS ENGLISH ALE
From the Wells Brewery
GORDON
FINEST SCOTCH
HIGHLAND ALE

# Ale de Hardy

## BRASSEURS DU MONDE

**Canada ◉ 10,5 %**

Faut-il y voir un hommage ? Produit par les très prolifiques Brasseurs du Monde (qui produisent pas moins de onze gammes de plusieurs bières chacune), ce *barley wine* dont le nom est la traduction littérale de la légendaire Hardy's ale (voir encadré) a le mérite de ne pas être un simple ersatz sans âme. Bière puissante et complexe, elle développe des notes intenses de caramel et de fruits mûrs. À consommer dans l'idéal après plusieurs années de cave, car les sucres résiduels peuvent s'avérer écœurants lorsqu'on la boit trop jeune.

### Thomas Hardy's Ale: la bière phénix

*Crée en 1968 par la brasserie Eldridge Pope pour commémorer le 40e anniversaire de la mort du poète et écrivain Thomas Hardy, grand amateur de bières fortes, la Thomas Hardy's Ale est longtemps restée l'archétype même du style barley wine. Présentée dans une élégante bouteille numérotée et millésimée, c'était une bière puissante et extraordinairement complexe, qui pouvait vieillir jusqu'à 25 ans en cave, si ce n'est plus. Sa disparition en 2008 (après la fermeture de la brasserie Eldridge Pope en 1999 puis la reprise de la Hardy's ale en 2003) fut accueillie avec beaucoup de tristesse par ses fans et la fit accéder au rang de légende.*

*Heureusement, elle renaît aujourd'hui une nouvelle fois de ses cendres grâce à un distributeur italien qui la fait produire en Angleterre selon la recette d'origine. À l'heure où nous écrivons ces lignes, elle n'est toutefois pas distribuée en France (ni, comble de l'ironie, en Angleterre).*

# NOIR C'EST NOIR
## STOUTS ET PORTERS

Originaire de Londres, le *porter* est une bière brune, tirant vers le noir, qui tiendrait, dit-on, son nom du fait qu'il était très prisé des « porteurs » qui transportaient des marchandises à travers la ville au XVIIIe siècle. C'est une bière généralement peu amère, qui met avant tout l'accent sur les notes torréfiées de son malt.

Baptisé à l'origine *stout porter* (*porter* robuste, solide), le *stout* a pris son essor au XIXe siècle en Irlande, notamment grâce à Guinness, qui a fini par en faire un véritable emblème du pays. Comme le *porter*, c'est une bière aux notes torréfiées de café, chocolat, voire pain grillé, qui proviennent de l'utilisation de malts rôtis, auxquels il doit également sa robe noir opaque.

À la base, il s'agit d'une bière légère en alcool et plutôt aqueuse, mais elle est aujourd'hui déclinée en une multitude de sous-styles plus ou moins forts, doux et complexes pour le plus grand plaisir des amateurs.

- **Imperial stout :** aussi parfois appelé *Russian imperial stout*, en référence aux bières exportées vers la cour de l'impératrice Catherine II de Russie, qui en était, dit-on, très friande. Il s'agit d'une bière puissante, généralement complexe, avec un taux d'alcool dépassant souvent les 9 %.

- **Milk stout :** il s'agit d'un *stout* avec ajout de lactose, ce qui lui confère une douceur souvent très agréable, qui va bien avec ses notes torréfiées.

- **Oatmeal stout :** un *stout* avec ajout d'avoine, ce qui lui confère une certaine onctuosité.

- **Chocolate stout :** à l'origine, un *stout* développant des notes de chocolat avec ses malts. Certains brasseurs en produisent aujourd'hui en ajoutant vraiment du cacao dans le brassin.

- **Coffee stout :** *stout* avec ajout de café. Les *stouts* évoquant parfois un café noir avec leurs notes torréfiées, il va sans dire que les deux vont très bien ensemble.

- **Breakfast stout :** lactose, avoine, café et/ou chocolat : un petit déjeuner complet dans votre verre ! Ce sont souvent des bières superbes, très complexes, à déguster comme un bon dessert.

- **Oyster stout :** un *stout* aux huîtres ! Aussi farfelue que cette idée puisse-t-elle sembler, il s'agit en fait d'une (assez) vieille tradition. Huîtres et *stouts* faisant partie des mets les plus populaires de l'Angleterre victorienne, il devint d'usage de les associer. Des brasseurs eurent ensuite l'idée d'ajouter des huîtres aux brassins, leurs coquilles ayant, semble-t-il, des propriétés clarificatrices. Mais autant le dire clairement : si vous vous attendez à ce qu'un *oyster stout* vendu en bouteille sente l'huître, vous risquez d'être déçu.

- **Les autres :** comme les autres bières, les *stouts* peuvent se prêter à toutes les expérimentations des brasseurs. Vous trouverez ainsi des *stouts* vieillis en fûts, des *stouts* aux fruits (à la framboise, notamment), des *stouts* aux marshmallows, etc.

## Guinness Draught

**ST JAMES GATE**

**Irlande ◉ 4,2 %**

Est-il encore besoin de la présenter ? Devenue l'un des plus célèbres symboles de l'Irlande, la Guinness est sans conteste le *dry stout* le plus consommé au monde et une référence incontournable en la matière. Légère et très facile à boire, avec un goût de grillé caractéristique, elle offre en outre l'avantage d'être très facilement disponible. Les canettes de Guinness Draught ont la particularité de renfermer une petite balle de plastique, baptisée widget, qui, à l'ouverture, libère un gaz, qui donne à la bière son emblématique mousse crémeuse, comme si elle venait d'être servie à la pression.

## St Ambroise Oatmeal Stout

**MCAUSLAN BREWING**

**Canada ◉ 5 %**

Régulièrement classée parmi les meilleurs *stouts* du monde, cette *ale* noire à l'avoine est caractéristique du style *oatmeal stout*, avec une belle onctuosité apportée par l'avoine et un malt tout en notes torréfiées de café, chocolat ou caramel. Une bière impressionnante pour seulement 5 % d'alcool.

## Fuller’s London Porter

**FULLER’S**

**Angleterre ◉ 5,4 %**

Le *porter* étant d’origine londonienne, il eût été dommage que la plus célèbre brasserie londonienne ne lui rende pas hommage. Et quel hommage ! Régulièrement classé parmi les meilleurs *porters* du monde, ce *London porter* est caractéristique du style, avec des notes de chocolat, de caramel, et une certaine onctuosité pour un taux d’alcool relativement limité.

## Broken Dream Breakfast Stout

**SIREN CRAFT BREW**

**Angleterre ◉ 6,5 %**

Créée en 2012, la jeune brasserie anglaise Siren a très rapidement acquis une réputation d’excellence auprès des amateurs de bière. Ce *Breakfast stout* tout en arômes et en équilibre permet de comprendre pourquoi. C’est un merveilleux *stout* dessert, gourmand et onctueux, avec des notes de café et de chocolat, juste ce qu’il faut de lactose et une amertume maîtrisée. Une très grande bière.

## Beer Geek Breakfast

### MIKKELLER/LERVIG

**Danemark/Norvège ◉ 7,5 %**

Brassé en Norvège pour le Danois le plus célèbre de la planète bière, ce *stout* est régulièrement classé parmi les meilleurs du monde. Véritable rock star (diva, diront certains) de la brasserie, Mikkel Borg Bjergsø (brasserie Mikkeller) est un *gypsy brewer* : ne possédant pas de brasserie propre, il ne brasse ses recettes qu'en collaboration avec d'autres brasseries. Épais, dense, puissant, complexe, avec une belle amertume, ce *stout* à l'avoine et au café est sans doute l'une de ses plus grandes réussites.

## Black Chocolate Stout

### BROOKLYN BREWERY

**États-Unis ◉ 10 %**

Non, cet *imperial stout* de l'excellente brasserie Brooklyn (voir p. 102) n'est pas brassé avec du chocolat. C'est le mélange de six malts différents qui lui confère le goût de chocolat noir d'où il tient son nom. Une bière superbe, très puissante, que les connaisseurs laisseront vieillir quelques années en cave avant de la déguster sagement par une froide soirée d'hiver.

## Hitachino Nest Espresso Stout

### KIUCHI

**Japon ◉ 7,5 %**

Productrice de saké depuis 1823, la brasserie Kiuchi s'est lancée dans le brassage de bières dans les années 1990 et s'est depuis forgé une solide réputation auprès des amateurs du monde entier avec sa vaste gamme de bières de qualité, comme cet excellent *coffee stout*, brassé avec des grains de café.

Mikkeller
BEER GEEK
11.2 FL OZ
BREAKFAST
OATMEAL STOUT BREWED WITH COFFEE
WINTER 2016
THE BROOKLYN BREWERY
BROOKLYN BREWERY
Black Chocolate Stout
ALC./ALK. 10.0% VOL.
℮ 355 ml/35,5 cl
HITACHINO
ES
ESPRESSO STOUT
HITACHINO NEST
エスプレッソスタウト
11.2 FL.OZ.

## Galaxia Milk Stout

**DOIS CORVOS CERVEJEIRA**

**Portugal ◉ 6 %**

Un *milk stout* fidèle au genre, doux et onctueux, avec des arômes de café et de chocolat et une belle longueur en bouche. Très agréable et aromatique pour seulement 6 % d'alcool. À déguster, comme le recommande l'étiquette « en tout endroit de la voie lactée… ou dans les rues adjacentes ».

## Milk Stout Toujours

**O'CLOCK BREWING**

**France ◉ 8,5 %**

Avec leur graphisme très sympathique, les étiquettes de la brasserie O'Clock attirent sans conteste l'œil, d'autant qu'il s'y glisse régulièrement une astuce par rapport à la bière. Ainsi tous les *stouts* de la brasserie ont un nom en rapport avec l'univers du scoutisme (*stout*/scout… vous aviez compris). D'une certaine sobriété aromatique pour un taux d'alcool assez élevé, ce *milk stout* joue avant tout la carte de l'équilibre. Doux sans être écœurant, il peut constituer une bonne première approche du style, avant de s'essayer à des *milk stouts* plus corsés.

## Dad Stout

### OUTLAND

**France ◉ 5 %**

Yann Geffriaud a découvert le monde de la bière alors qu'il était enseignant aux États-Unis. De retour en France, il a fondé la brasserie Outland en restant assez fortement influencé par les bières américaines. Cet *oatmeal stout* (*stout* à l'avoine) très réussi offre la preuve qu'il est possible de faire des bières denses et aromatiques (notes torréfiées de café et de chocolat) en gardant un taux d'alcool relativement modéré.

## Nos Illustres Rituels

### OUROBOROS

**France ◉ 9,99 %**

Une bière qui se dit « noire comme un cauchemar », des signes cabalistiques cachés sur l'étiquette, le nombre de la bête pour taux d'alcool... Brrrrr, voilà qui fait froid dans le dos ! Pourtant, c'est bien un paradis d'arômes maltés et d'onctuosité qui s'offre aux courageux qui osent goûter ce somptueux double *oatmeal stout* « brassé pour les barbus » (un détail au passage : jetez un œil à l'intérieur de la capsule avant de la jeter).

# La Choco-Laiterie

## LES BRASSEURS DU GRAND PARIS/BRASSERIE RABOURDIN

**France ◉ 9,5 %**

Combinant la puissance d'un *imperial stout* (pour la force alcoolique), l'onctuosité d'un *oatmeal stout* (conférée par les flocons d'avoine), la douceur d'un *milk stout* (grâce à l'ajout de lactose) et les parfums d'un *chocolate stout* (grâce à l'ajout de chocolat Valrhona, excusez du peu, et de quelques notes de vanille), ce double *chocolate milk stout* est une bière digestive idéale. Elle a été brassée en collaboration avec la brasserie Rabourdin, car les Brasseurs du Grand Paris ont longtemps été brasseurs itinérants avant de finalement s'installer à Saint-Denis début 2017.

# Hercule Stout

## BRASSERIE DES LÉGENDES

**Belgique ◉ 9 %**

Il eût été difficile de trouver meilleur personnage qu'Hercule Poirot, le plus célèbre Belge de la littérature anglo-saxonne, pour incarner ce *stout* belge à mi-chemin entre le plat pays et la Grande-Bretagne. *Imperial stout* faisant clairement ressentir son origine belge, il est très malté et plutôt doux, avec de belles notes de café et de chocolat, mais sans sombrer dans un excès de sucre.

# Pearl Necklace

## FLYING DOG BREWERY

**États-Unis ◉ 5,5 %**

Brassé avec incorporation d'huîtres entières, ce « collier de perles » fait partie des rares *oyster stouts* qu'il est possible de se procurer en France. Ne vous attendez toutefois pas à retrouver dun goût de mollusque dans votre verre : il s'agit, au contraire, d'un excellent *stout*, plutôt doux et onctueux. Une partie des bénéfices est consacrée au programme de préservation de la baie de Chesapeake par la réintroduction de l'ostréiculture.

BEER DROP
Bière Double Chocolate Milk Stout
LA CHOCO-LAITERIE
ALC. 9,5% VOL. 33CL
45 IBU
BRASSERIE DES LÉGENDES
HERCULE
STOUT
FLYING DOG
PEARL NECKLACE
CHESAPEAKE STOUT

## Selassie

**OMNIPOLLO**

**Suède ◉ 11 %**

Brasserie itinérante suédoise faisant brasser ses recettes dans divers établissements, Omnipollo est l'une des plus en vue du moment car elle propose beaucoup de recettes innovantes, comme ce superbe *imperial stout* au café d'Éthiopie (d'où le nom Selassie, en référence au dernier empereur d'Éthiopie) brassé avec une pointe de vanille.

## O'Hara's Irish Stout

**CARLOW BREWING COMPANY**

**Irlande ◉ 4,3 %**

Brasserie relativement jeune de la scène irlandaise (1996), Carlow nous propose ici un *dry stout* très classique, mais correct. Si vous en avez la possibilité, préférez le O'Hara's Leann Folláin, de la même brasserie, qui est beaucoup plus intéressant.

## Anosteké Imperial Smout

### BRASSERIE DU PAYS FLAMAND

**France ◉ 8,5 %**

*Stout* ? Brune belge ? Black IPA ? Voici une bière qu'il semble décidément bien difficile de répertorier dans un style déterminé. Toujours est-il qu'elle est excellente, avec des arômes torréfiés bien présents et un houblonnage marqué. Pour l'anecdote, sachez que le « smout » de son nom est une allusion en clin d'œil à un saindoux poivré du Nord, qui se déguste habituellement avec une bière brune.

## Nøgne Ø Porter

### NØGNE Ø

**Norvège ◉ 7 %**

Brasserie pionnière de la scène *craft* scandinave aujourd'hui très active, Nøgne Ø propose une très large gamme de bières dans des styles multiples, généralement bien distribuées à l'étranger et jouissant d'une très bonne réputation auprès des amateurs. Très doux, avec des notes de pain grillé et de chocolat, ce *porter* est agréable et très bien fait, même si l'on peut lui reprocher un certain manque de complexité pour un tel taux d'alcool.

## Caulier 28 Imperial Stout

### CAULIER SUGAR FREE

**Belgique ◉ 11 %**

Faire des bières « sans sucre » (soit contenant officiellement moins de 0,5 g de sucre pour 100 ml) et donc moins caloriques, entièrement naturelles et sans faire de concession sur le goût : tel est le credo de la gamme Caulier 28. Et force est de constater que le pari est réussi, comme nous le prouve cet impressionnant *imperial stout*, puissant et complexe.

## Founders Porter

### FOUNDERS BREWING COMPANY

**États-Unis ◉ 6,5 %**

Fondée en 1997, la brasserie Founders est depuis devenue l'une des plus célèbres représentantes du mouvement *craft*. Très renommé outre-Atlantique, son *porter* est une belle réussite, onctueux, avec des notes de chocolat, de café et de vanille.

## Rollus Brune

### BRASSERIE ROLLUS

**France ◉ 6 %**

Voici une bière qui ne paie pas de mine. Microbrasserie picarde, qui ne distribue ses bières qu'à l'échelle locale, Rollus fait partie de ces petites brasseries qui proposent une gamme de bières classées par couleurs (blonde, brune, ambrée…), auxquelles les amateurs de bières en vogue s'intéressent parfois assez peu. À tort. Exemple parmi tant d'autres des excellentes surprises que peuvent révéler les petites brasseries locales, cette Rollus brune est à vrai dire un excellent *porter*, aux notes de café et de chocolat.

28
by Caulier
Imperial Stout
Alc. 11%vol.
Since 1842
33cl
Founders
Brewing
Founders
PORTER
DARK, RICH & SEXY
Bière Brune de Picardie
contient du malt d'orge
Rollus

# BLANCHES… MAIS PAS QUE
## LES BIÈRES DE BLÉ

D'une couleur allant du blond pâle au noir profond, les bières dites « blanches » n'ont, en vérité, de blanc que le nom. En effet, ce terme trompeur est utilisé pour décrire non la couleur de la bière, mais sa composition : ce sont des bières qui contiennent, en plus de l'orge, une proportion plus ou moins importante de blé/froment (de 20 à 80 %), malté ou non. Sachez-le donc : il existe des bières blanches… brunes.

Historiquement, les bières de blé se divisent en deux grandes familles : les bières belges et les allemandes. Appelées *witbier* en flamand, la bière blanche belge est la plus répandue sur le marché français. Il s'agit d'une bière légère, naturellement trouble, souvent brassée avec ajout d'épices (de la coriandre, notamment) et de zestes d'agrumes. Elles se servent avec la levure.

Appelée *Weizenbier* (bière de blé) ou *Weissbier* (bière blanche), la bière de blé allemande typique est très douce et brassée avec une levure qui lui confère des notes caractéristiques de banane, voire de chewing-gum. Vendue traditionnellement en bouteilles de 50 cl, elle se comporte très bien à table et plaît généralement au plus grand nombre. Elle se décline en plusieurs versions : *Hefeweizen* (sur levure), *Dunkelweizen* (brune), *Kristallweizen* (bière « claire », par opposition aux bières *naturtrüb*, soit « naturellement troubles »), *Hopfenweisse* (houblonnée) ou encore *Weizenbock* (bière blanche forte).

À cela s'ajoutent aujourd'hui les wheat beers américaines, plus sèches et houblonnées (voire les *hoppy wheat* ou white IPA à mi-chemin entre la blanche et l'IPA), les *wheat wines* (« vins de blé », bières très fortes, souvent complexes et très intéressantes) et de nombreuses autres déclinaisons en fonction de l'imagination des brasseurs (bières blanches fumées, brassées avec des ingrédients spéciaux, etc.) »

Enfin, le blé entre dans la composition de plusieurs bières acides qui seront abordées dans d'autres parties, à savoir la Berliner Weisse (bière blanche berlinoise, très rafraîchissante et peu alcoolisée), ainsi que le lambic (avec lequel on fait la célèbre gueuze) et la *gose* (voir p. 151).

## Weihenstephaner Hefe Weissbier

### BAYERISCHE STAATSBRAUEREI WEIHENSTEPHAN

### Allemagne ◉ 5,4 %

Régulièrement élue meilleure Hefeweissbier au monde, cette bière monumentale a en outre la particularité d'être produite par la plus ancienne brasserie encore en activité, puisqu'un document atteste que de la bière y était brassée… dès l'an 1040 ! (Afin de ne pas gâcher son plaisir, il est recommandé au lecteur d'oublier immédiatement après lecture que certains prétendent que ce document serait un faux datant des années 1600.) La brasserie produit également une large gamme de bières bavaroises traditionnelles (*Dunkel*, Kristall, *Weizenbock*…), qui sont également toutes chaudement recommandées.

## Hoegaarden HOEGAARDEN

### Belgique ◉ 4,9 %

La plus célèbre des bières blanches belges est l'histoire d'une renaissance. Celle d'un style de bière remontant, semble-t-il, au XVe siècle, et mort à la fin des années 1950 avec la fermeture de la dernière brasserie qui en produisait encore (Thomsin). C'est aussi l'histoire d'un homme, Pierre Celis, ancien aide-brasseur de la brasserie Thomsin, qui décide de faire revivre ce style avec le succès que l'on connaît. Hoegaarden est donc, en quelque sorte, la mère de toutes les blanches belges, même si elle n'est sans doute plus tout à fait celle de Pierre Celis depuis son rachat en 1985 (voir ci-dessous).

## Celis White CELIS/ BROUWERIJ VAN STEENBERGE

### États-Unis/Belgique ◉ 5 %

En 1985, suite à la destruction de sa brasserie par un incendie, Pierre Celis vendit la marque Hoegaarden (voir ci-dessus) à un grand groupe et partit s'installer au Texas, où il fonda, à l'âge de 67 ans, une nouvelle brasserie pour produire à nouveau sa célèbre blanche, sous le nom de Celis White. Après plusieurs péripéties (dont la fermeture de la brasserie) et rachats successifs, elle est finalement revenue à la famille de Pierre Celis (décédé en 2011), qui a rouvert la brasserie en 2017 et entend bien perpétuer l'héritage familial. La version ici présentée est brassée en Belgique sous licence par la brasserie Van Steenberge.

Weihenstephaner
HEFE
WEISSBIER
THE WORLD'S OLDEST BREWERY
BAYERN
Weihenstephaner
HEFE
WEISSBIER
Bavarian style
PREMIUM BAVARICUM
THE ORIGINAL
Belgian
WHEAT BEER
Hoegaarden
Wit · Blanche
CELIS WHITE
BELGIAN WHITE BEER
WIT
BIER
BIERE
BLANCHE

# St. Bernardus Wit

## BROUWERIJ ST. BERNARDUS

**Belgique ◉ 5,5 %**

Pour beaucoup d'amateurs, la St. Bernardus Wit est l'une des meilleures représentantes du « vrai » goût de la blanche belge traditionnelle. Et pour cause : sa recette ayant été élaborée sous la supervision de Pierre Celis en personne et la brasserie étant restée fidèle à cette recette, ce serait la bière la plus conforme à l'esprit de celui qui a fait renaître les bières blanches en Belgique (voir p. 114).

# Azimut Blanche Lime Basilic

## AZIMUT

**France ◉ 4,5 %**

Aussi étonnant que cela puisse paraître, c'est un macaron qui a inspiré cette bière au citron vert et au basilic. Et, aussi étonnant que cela puisse paraître, c'est une véritable réussite, pas sucrée du tout, tout en finesse et en équilibre. Au nez, le basilic est présent, mais discret. En bouche, c'est plus l'acidité du citron vert qui se fait sentir, mais ici encore tout en douceur. Une bière merveilleusement rafraîchissante.

# Uiltje Miss Hooter

## UILTJE BREWING COMPANY

**Pays-Bas ◉ 4,4 %**

Hoppy wheat ou white IPA, peu importe le qualificatif qu'on lui accole, cette bière blanche houblonnée se montre parfaitement à la hauteur des attentes qu'elle suscite, alliant la douceur d'une blanche au côté aromatique d'une IPA, mais avec une amertume maîtrisée. Très agréable.

St. Bernardus
Wit
Belgian Wit
St. Bernardus
Wit
BR. ST. BERNARD - BELGIUM
TRAPPISTENWEG, 23 - WATOU
4,5 %
18 IBU
BLANCHE
LIME BASILIC
AZIMUT
BRASSERIE
DUDE, DON'T SAY IT!
...BE HER NEW BFF
4,4% ALC.
HOPPY WHEAT
miss
HOOTER

# Colomba

**PIETRA**

**France ◉ 5 %**

Bière à l'identité résolument corse, cette blanche « aux herbes du maquis » est produite selon une méthode originale, puisque les herbes (arbousier, myrte, genévrier et autres) qui l'aromatisent n'entrent pas en contact direct avec le moût (elles sont mises à infuser lors de la phase d'ébullition dans une sorte d'énorme boule à thé). Il en ressort une bière rafraîchissante et agréable, les herbes étant très présentes, mais s'harmonisant bien avec la bière blanche.

# À l'Ombre des Pensées

**BENDORF**

**France ◉ 5 %**

À mi-chemin entre IPA et bière de blé, cette bière blanche très houblonnée (avec un premier houblonnage à base de Nugget, Galaxy et Simcoe, puis un houblonnage à froid en Galaxy et Simcoe) séduira sans doute plus les amateurs d'IPA que les fans de bières blanches. Plaisante complexité aromatique et belle amertume.

# Grand Cru #002

## NINKASI

**France ◉ 10,5 %**

Fondée à Lyon en 1997, Ninkasi est une chaîne de bars-restaurants-salles de concert, qui fabrique en outre des bières. En plus de sa gamme classique, qui a le mérite d'être de très bonne qualité, la brasserie propose chaque année des « grands crus » en édition limitée, comme ce superbe *wheat wine* (« vin de blé ») complexe et épicé, à laisser vieillir quelques années en cave.

# La Bière du Coing

## BRASSERIE DES GARRIGUES

**France ◉ 5 %**

Très douce, cette bière blanche brassée avec des coings frais est d'un équilibre remarquable : bien présent, le coing ne domine pourtant pas l'ensemble. Il reste discret pour se marier aux céréales et ajouter encore un peu de douceur et d'onctuosité.

## Blanche de Namur

### BRASSERIE DU BOCQ

**Belgique ◉ 4,5 %**

Très facilement disponible, bien qu'issue d'une petite brasserie indépendante, la Blanche de Namur est une blanche belge très classique et assez parfumée, avec une présence bien marquée de la coriandre et des zestes d'agrumes. Elle se laisse boire avec plaisir.

## Sainte Colombe Dorée

### BRASSERIE SAINTE COLOMBE

**France ◉ 5,5 %**

Fondée en 1996 par un couple néerlandais (elle à la brasserie, lui aux champs), la ferme-brasserie bretonne Sainte Colombe a rapidement remporté un vrai succès d'estime auprès des amateurs avec ses bières très bien faites. Comme indiqué sur l'étiquette, cette « bière dorée » est une pure *Hefeweizen*, avec houblons allemands et levure. Elle est extrêmement agréable.

## Franziskaner Weissbier Naturtrüb

### SPATEN-FRANZISKANER-BRÄU (AB INBEV)

**Allemagne ◉ 5 %**

Née à Munich en 1363, la brasserie Franziskaner (ainsi nommée parce qu'elle était voisine d'un monastère franciscain) est sans conteste l'une des plus célèbres représentantes des bières blanches bavaroises à travers le monde. Elle offre l'avantage d'être très largement disponible, bon marché et excellente.

WBA
WORLD BEER AWARDS
Blanche de Namur
Bière Blanche - Witbier - Wheat beer
Bières Artisanales Bretonnes
SAINTE COLOMBE
Brasserie Sainte Colombe La Landelle 35134
Franziskaner Weissbier
NACH ALTER BRAUTRADITION
Franziskaner
Weissbier
NATURTRÜB
PREMIUM HEFE-WEISSBIER

# Andechser Weissbier Dunkel

## KLOSTERBRAUEREI ANDECHS

**Allemagne ◉ 5 %**

Située au sud de Munich, l'abbaye bénédictine d'Andechs brasse de la bière depuis 1455. Caractéristique du style des « bières blanches brunes », cette *Dunkelweizen* allie la douceur d'une bière de froment aux notes de caramel d'une bière brune.

# Tap 5 Meine Hopfenweisse

## SCHNEIDER WEISSE

**Allemagne ◉ 8,2 %**

Spécialisée dans le brassage de bières de blé depuis 1607, la brasserie Schneider compte parmi les plus réputées de Bavière. Puissante, complexe et équilibrée, cette *Hopfenweisse* (bière blanche houblonnée) mêle les arômes de caramel et de céréales du malt aux notes fruitées du houblon.

# Ayinger Weizenbock

## BRAUEREI AYING

**Allemagne ◉ 7,1 %**

Installée depuis 1878 dans le pittoresque village d'Aying, au sud de Munich, cette talentueuse brasserie est spécialisée dans les bières bavaroises classiques, comme cette *Weizenbock*, bière de froment légèrement plus forte et aromatique qu'une *Hefeweizen*.

Andechs
Genuß für Leib & Seele
KLOSTER
Andechs
SEIT 1455
SCHNEIDER WEISSE
TAP 5
Seit 1872
SCHNEIDER WEISSE
G. Schneider & Sohn
TAP 5
Meine Hopfenweisse
Die neue Weissbier-Dimension
WEIZENBOCK
Ayinger
WEIZENBOCK

# DU HOUBLON À FOISON
## LA GRANDE FAMILLE DES IPA

Fer de lance du renouveau de la brasserie à travers le monde, l'IPA (prononcez « aïe-pi-é », initiales d'*India pale ale*) est sans conteste le style de bière qui remporte le plus de succès aujourd'hui à travers le monde. Sa particularité est d'être très fortement houblonnée, ce qui lui confère généralement (mais pas nécessairement) une amertume prononcée et, bien entendu, des arômes de houblon marqués (d'agrumes, de fruits exotiques, de résineux, herbacés, etc., en fonction des variétés).

La version la plus largement répandue pour expliquer ce nom d'*India pale ale* (que l'on pourrait traduire littéralement par « bière pâle d'Inde ») est qu'elle fut créée en Grande-Bretagne au XIXe siècle pour approvisionner les troupes britanniques établies en Inde. Plus forte et plus houblonnée qu'une bière classique, elle devait mieux supporter le voyage, notamment grâce aux vertus antioxydantes et conservatrices du houblon. C'est une histoire facile à retenir, mais la réalité est plus complexe. En vérité, l'IPA serait le résultat d'une évolution du style *pale ale*, né bien avant le XIXe siècle. Et s'il est vrai qu'il était demandé aux brasseurs de fortement houblonner les bières à destination des Indes, il faut noter que, d'après plusieurs sources, c'étaient les *porters*, et non les *pale ales*, qui constituaient la majeure partie des exportations. L'appellation *India pale ale* apparut pour la première fois en 1835, en référence à ces *pale ales* fortement houblonnées qui étaient envoyées vers les Indes au XVIIIe siècle.

Mais l'IPA est aujourd'hui bien plus qu'un simple style de bière. Entièrement revisité par les brasseurs américains, qui l'ont réinterprété avec des houblons très aromatiques, au point d'en faire une bière totalement différente de ce qu'elle était à l'origine, l'IPA est aujourd'hui devenue un terme presque générique servant à désigner toute bière fortement houblonnée. Vous en trouverez donc un grand nombre de déclinaisons, dont voici quelques exemples :

• **American IPA :** c'est en principe ainsi que l'on devrait nommer les IPA américaines, brassées avec des houblons américains très aromatiques, pour les distinguer des IPA britanniques classiques, qui développent des arômes moins fruités et plus résineux.

• **West Coast IPA :** l'IPA « de la Côte Ouest » des États-Unis est une IPA américaine assez puissante et très fortement houblonnée, avec des houblons américains aux notes de fruits exotiques et d'agrumes.

• **Double IPA (DIPA)/imperial IPA :** il s'agit d'une IPA plus forte en alcool, mais aussi souvent plus houblonnée et plus amère. Les deux termes sont utilisés indistinctement par les brasseurs, même si, en principe, la double IPA met plus l'accent sur le malt que l'imperial IPA.

• **American pale ale (APA) :** il s'agit d'une bière assez légère, mais bien houblonnée, avec des houblons américains. Une sorte de West Coast IPA légère, en quelque sorte.

• **Session IPA :** une IPA très légère en alcool (moins de 4 %, voir p. 162)

- **Black IPA :** bière brune fortement houblonnée, mêlant les arômes torréfiés d'un *porter* ou d'un *stout* aux notes végétales des houblons d'une IPA. Un style très intéressant et très prisé des connaisseurs.
- **White IPA :** bière de blé fortement houblonnée (voir p. 113)
- **New England IPA (NEIPA) :** une IPA trouble et peu amère, aux arômes fruités intenses.

## Attention aux dates !

*S'il est bien un style de bière pour lequel il convient de faire attention aux dates limites de consommation, ce sont les IPA. En effet, les arômes du houblon sont extrêmement fragiles et peuvent se détériorer très rapidement sous l'effet de la chaleur, de la lumière, mais aussi du temps. Pour profiter au mieux d'une IPA ou de toute autre bière très houblonnée, il importe donc de la boire le plus tôt possible après sa fabrication et de toujours la conserver dans un endroit frais, à l'abri de la lumière (voir aussi p. 35).*

## Green Flash West Coast IPA

### GREEN FLASH/ST-FEUILLIEN

**États-Unis/Belgique ◉ 8,1 %**

Brassée sous contrat par la brasserie belge St-Feuillien pour le compte de la brasserie californienne Green Flash, cette double IPA brassée avec des malts européens et des houblons américains a l'avantage d'être très facilement disponible et bien plus conforme au style d'origine que les ersatz produits par les grandes marques habituellement disponibles en supermarché.

## Psychedelia

### CRAIG ALLAN/DE PROEF

**France/Belgique ◉ 5 %**

Brasseur écossais installé en Picardie, Craig Allan a longtemps travaillé avec la brasserie belge De Proef avant de finalement disposer de sa propre infrastructure en 2015. Il remporte un certain succès auprès des connaisseurs avec ses bières originales et inspirées, comme cette Psychedelia, *American pale ale* d'influence belge (oui, vous avez bien lu), avec une base de malt biscuit appuyant des houblons très fruités et aromatiques.

## Punk IPA BREWDOG

**Écosse ◉ 5,6 %**

Créee à Ellon (Écosse) en 2007, Brewdog est rapidement devenue l'une des brasseries les plus emblématiques de la scène *craft* européenne. Leurs concepts : innovation et irrévérence (le meilleur exemple étant sans doute leur End of History, bière à 5,5 % dont la bouteille est habillée d'un écureuil empaillé). Le succès a été tel que la brasserie n'a cessé d'augmenter sa production, possède aujourd'hui plusieurs pubs à travers le monde et a lancé des souscriptions pour ouvrir son capital. Elle brasse de nombreuses bières intéressantes, que les amateurs trouveront chez les cavistes spécialisés, mais aussi, pour certaines, en supermarché, comme c'est le cas pour cette célèbre Punk IPA, bière emblématique de la marque, fortement houblonnée « à l'américaine », avec des arômes d'agrumes et de fruits exotiques.

## Stone IPA STONE BREWING

**États-Unis/Allemagne ◉ 6,9 %**

Lancée en 1997, la brasserie Stone a réussi à s'imposer comme l'un des acteurs majeurs du mouvement *craft* aux États-Unis avec ses bières sans concession et un marketing provocateur (voir p. 180) qui n'a pas manqué de faire des émules (on pense notamment à la brasserie écossaise Brewdog). Ce succès lui a permis de se développer au point de monter une brasserie en Allemagne, qui brasse désormais ses bières destinées au marché européen (assurant une meilleure fraîcheur des produits), comme cette *West Coast IPA*, caractéristique du style et considérée comme l'une des meilleures au monde.

## Meantime India pale ale

MEANTIME BREWING COMPANY

**Angleterre ◉ 7,4 %**

Facilement reconnaissable à son élégante bouteille (quoiqu'elle soit aussi vendue dans des bouteilles plus « classiques ») et très facilement disponible, l'*India pale ale* de Meantime est une fière ambassadrice de l'IPA anglaise classique. Déguster une IPA Meantime constitue donc un moyen simple et efficace de voir à quoi ressemblait ce style avant qu'il ne soit revisité par les brasseurs américains avec leurs houblons très aromatiques.

BREWDOG
PUNK IPA
POST MODERN CLASSIC
ALC.VOL.
5.6%
OUR ICONIC
WEST COAST STYLE IPA
STONE
IPA
Alc. 6,9% vol
MEANTIME
LONDON
MEANTIME
INDIA PALE ALE

## 8 Ball Rye IPA

### BEAVERTOWN

**Angleterre ◉ 6,2 %**

Jeune brasserie londonienne fondée par Logan Plant (fils du chanteur de Led Zeppelin, Robert Plant), Beavertown n'a pas tardé à se faire remarquer des amateurs de houblon avec ses canettes aux graphismes colorés et ses bières très réussies, comme cette *Rye IPA* (IPA au seigle), brassée avec quatre houblons américains, très aromatiques, que viennent équilibrer pas moins de six malts différents, qui lui donnent un corps assez inhabituel pour une IPA, avec une amertume modérée. L'ensemble est très agréable à boire.

## Thornbridge Jaipur

### THORNBRIDGE BREWERY

**Angleterre ◉ 5,9 %**

Créée en 2005 et d'abord spécialisée dans les bières britanniques traditionnelles (*real ales*) en fûts de bois, la brasserie anglaise Thornbridge s'est par la suite lancée dans la fabrication de bières très houblonnées d'influence américaine, qui lui ont valu de nombreuses distinctions. C'est le cas de cette IPA, produite avec pas moins de six variétés de houblon différentes, qui offre des notes complexes d'agrumes et de fruits exotiques avec une amertume franche d'une belle durée.

# Azimut American IPA

## AZIMUT

**France ◉ 6,5 %**

Installée à Bordeaux, la jeune Azimut brasserie brasse d'excellentes bières, très bien faites, qui se démarquent notamment par leur grand équilibre. Cette *American* IPA en est une bonne illustration. C'est une véritable explosion de fruits exotiques, au nez comme en bouche, qui compense bien une amertume pourtant marquée (65 IBU). L'ensemble est extrêmement plaisant à boire.

# Rogue Nation Brutal India pale ale

## ROGUE ALES

**États-Unis ◉ 6,3 %**

Brewpub fondé en 1988 dans l'Oregon, Rogue Ales est depuis devenu un véritable empire (la marque faisant reposer une grande partie de son marketing sur une rébellion de façade préfère parler de « nation »), qui produit de nombreuses bières et spiritueux (gin, whisky, vodka, rhum), des cidres et des sodas. L'avantage pour les amateurs de bière est que leurs produits sont très facilement disponibles et qu'ils n'auront donc pas de difficulté majeure à se procurer cette IPA américaine devenue un classique du genre.

# 05-11 India pale ale

## BREW BY NUMBERS

**Angleterre ◉ 6,5 %**

Brew by Numbers (BBN°) est une excellente brasserie londonienne qui a la particularité de brasser un très grand nombre de recettes et d'identifier ses bières non par des noms, mais par des numéros. Chaque bière se voit ainsi attribuer deux numéros : le premier correspond au style (par exemple, 05 pour les IPA, comme ici) et le deuxième à la recette (dans ce cas, la 11e, avec des houblons Citra et Mozaic). Au total, il y a une petite trentaine de styles, déclinés en plusieurs recettes, toutes détaillées (en anglais) sur le site Internet de la brasserie.

# Houblon Chouffe

## BRASSERIE D'ACHOUFFE (DUVEL-MOORTGAT)

**Belgique ◉ 9 %**

Créée dans les années 1980, la brasserie d'Achouffe a réussi à faire connaître son emblématique nain à bonnet rouge dans le monde entier. Longtemps qualifiée de Dobbelen IPA Tripel, cette Houblon Chouffe se veut à mi-chemin entre la triple belge et la double IPA. Certains la qualifient aussi parfois d'IPA belge, mais pour être franc, il s'agit plutôt d'une triple ayant été fortement houblonnée. Faites donc bien attention à la date de consommation optimale : plus vous en approchez, plus les arômes de houblon disparaissent.

# Goose IPA

## GOOSE ISLAND (AB INBEV)

**États-Unis ◉ 5,9 %**

*Brewpub* (pub-brasserie) ouvert à Chicago en 1987, Goose Island est par la suite devenue l'une des brasseries les plus emblématiques de la scène *craft* américaine. C'est donc peu dire que son rachat en 2011 par le géant AB InBev a fait grincer bien des dents. Aujourd'hui brassée en dehors de Chicago, selon une recette différente, la Goose IPA n'a plus du tout le prestige d'autrefois, mais elle n'en reste pas moins une American IPA très correcte, plutôt douce et bien équilibrée, qui a l'avantage d'être très facilement disponible.

# Amarillo

## BROUWERIJ DE MOLEN

**Pays-Bas ◉ 9,3 %**

Figurant parmi les bières les plus célèbres de la très réputée brasserie De Molen, cette imperial IPA (enfin… « imperial IPA-ish » pour citer l'étiquette, soit « une sorte d'imperial IPA ») est une petite bombe de houblons (Sladek et Saaz en amérisant et Amarillo en houblonnage à froid) portée par des malts presque sucrés, offrant une valse d'arômes avec un bel équilibre.

# Antisociale

## SAINTE CRU

**France ◉ 7,2 %**

Conforme au style black IPA, l'Antisociale de la brasserie alsacienne Sainte Cru mêle agréablement le grillé d'un malt noir aux arômes résineux du houblon, avec une amertume franche qui se prolonge.

# Home

## OUTLAND

**France ◉ 5,2 %**

Bien que produite en région parisienne, cette bière de la brasserie Outland (voir p. 105) est une véritable *American pale ale*, légère et sèche, brassée avec des houblons américains qui lui confèrent des notes fruitées d'agrumes.

# Sierra Nevada Pale Ale

## SIERRA NEVADA BREWING CO.

**États-Unis ◉ 5,6 %**

Sierra Nevada est, après Anchor (voir p. 91), la grande pionnière du renouveau de la brasserie aux États-Unis, puisqu'elle fut fondée en 1979. Restée fidèle à l'esprit *craft* et soucieuse d'écologie, elle n'en est pas moins devenue l'une des dix plus grosses brasseries du pays. Légère, mais parfumée et équilibrée, la *pale ale* est la bière star de la brasserie, incarnation même de la bonne petite *pale ale* américaine, simple et agréable. Un classique.

SAINTE CRU
ANTISOCIALE
BLACK IPA ANARCHO-MUTUALISTE
INGRÉDIENTS
eau, malts d'orge, malts de blé, houblons
SAINTE CRUCIENNE
14 Rue Denis Papin
68000 COLMAR
www.sainte-cru.com
Alsace
Bière à consommer de préférence avant :
33 CL
22/05/2018
7,2 %
HOME
AMERICAN PALE ALE
PALE ALE
SIERRA NEVADA
PALE ALE
HANDCRAFTED ALE
alc. 5.6% vol.
Nevada Brewing Co., Chico, CA & Mills River, NC

## Dalva

### BRASSERIE THIRIEZ

**France ◉ 8,5 %**

S'il est indiqué double *India pale ale* sur l'étiquette, la Dalva est beaucoup plus une libre interprétation du style qu'une copie conforme de DIPA à l'américaine, dans le pur respect du cahier des charges. En effet, si les houblons sont bien présents, ils ne dominent pas entièrement la bière, qui est, du coup, plutôt bien équilibrée et agréable. Une double IPA qui louche un peu vers la Belgique, très plaisante en apéritif.

## Young, Gifted and Black IPA

### LA QUINCE BREWERY/ MAD BREWING

**Espagne ◉ 6,6%**

Encore peu connue du public français, la scène brassicole *craft* espagnole commence néanmoins à faire peu à peu parler d'elle, notamment avec les bières de La Quince, brasserie nomade qui produit des bières originales souvent très intéressantes, comme cette black IPA légère et équilibrée, qui mêle notes d'agrumes et arômes de torréfaction.

Young, Gifted and Black IPA
BREW WILD
La Quince

0,5l

# LES LAGERS

## DU DEMI
## DU COMPTOIR
## À L'EISBOCK

Désignant à l'origine les bières de fermentation basse, le terme *lager* est, d'une certaine manière, devenu synonyme de la bière blonde légère, le demi du comptoir, qui est l'incarnation même de la bière aux yeux du grand public. Pourtant, si elle comprend bien toutes les bières de grande consommation que l'on connaît, la famille des *lagers* est bien plus riche qu'il n'y paraît.

Certes, sa représentante la plus illustre est la *pils* (aussi appelée *pilsner* ou *pilsener*), bière blonde légère d'origine tchèque, à la fine amertume, très appréciable en soi, mais qui a été tellement copiée et diffusée que l'appellation semble aujourd'hui totalement galvaudée. Il est encore possible de trouver de très bonnes *pils*, fines et équilibrées, notamment en République tchèque et chez les brasseurs indépendants, mais ce n'est pas toujours chose aisée.

Beaucoup plus intéressants pour les amateurs de bière, le *bock* et le *doppelbock* sont des styles traditionnels produits de longue date en Allemagne, pays d'origine de la *lager* (le terme vient de l'allemand *lagern* – stocker, entreposer). Souvent brun (*dunkel* en allemand), le *bock* est une bière plus puissante que la *lager* blonde (*helles* en allemand) classique, peu amère, avec des notes torréfiées. Le *doppelbock*, ou « double bock », est, comme son nom l'indique, encore plus fort, avec des arômes très maltés, souvent complexes.

Enfin, s'ajoutent à cela plusieurs styles traditionnels relativement méconnus (*kölsch*, *baltic porter*...), ainsi que toutes les innovations dont sont capables les brasseurs en jouant sur les malts et/ou les houblons, comme vous pourrez le voir dans les quelques exemples qui suivent (*imperial pale lager*, *hoppy wheat lager*, etc.). Sans vouloir jouer les devins, il est d'ailleurs possible que la place des bières de fermentation basse soit amenée à s'agrandir au sein du mouvement *craft* dans les années à venir.

# Brooklyn Lager

## BROOKLYN BREWERY

**États-Unis ◉ 5,2 %**

Bière vedette de la plus célèbre brasserie de New York, la Brooklyn Lager fut créée en 1988 par deux amis lassés des *lagers* insipides imposées partout par les grandes brasseries industrielles. Inspirée, dit-on, d'une recette retrouvée dans le carnet d'un brasseur d'avant la prohibition, elle subit un houblonnage à cru et offre un bel équilibre entre malts et houblons, qui séduit le plus grand nombre. Rejointe en 1994 par le brasseur Garrett Oliver (devenu depuis une véritable star du monde brassicole), la Brooklyn Brewery a aujourd'hui considérablement étoffé sa gamme et atteint une taille impressionnante, sans que la qualité de ses bières en pâtisse. Une *success-story* à l'américaine.

# Pilsner Urquell

## PLZENSKY PRAZDROJ (ASAHI)

**République tchèque ◉ 4,4 %**

Créée en 1848, c'est LA *pils* d'origine, celle qui a donné naissance aux innombrables copies, plus ou moins réussies (souvent moins que plus), qui ont par la suite envahi le monde. À déguster pour voir à quoi ressemble une vraie *pils*, légère et équilibrée, avec la fine amertume de son célèbre houblon caractéristique (Saaz).

## Ayinger Celebrator

### BRAUEREI AYING

**Allemagne ◉ 6,7 %**

Considérée comme l'un des meilleurs (si ce n'est LE meilleur) *doppelbock* au monde, cette superbe bière à la robe brune, presque noire, est une bière puissante (en dépit d'un taux d'alcool somme toute relativement modéré) qui développe des notes de caramel, mais aussi de café, voire de fruits rouges. L'ensemble est complexe et très agréable.

## Paulaner Salvator

### PAULANER BRAUEREI (SCHÖRGHUBER)

**Allemagne ◉ 7,9 %**

Fondée par des moines en 1634, Paulaner est aujourd'hui la plus grande brasserie de Munich. Elle affirme que la recette de son *doppelbock* n'a quasiment pas changé depuis 1773, époque à laquelle ce « pain liquide » brun aux notes de caramel servait à « nourrir » les moines durant le Carême.

# Samichlaus Classic

## BRAUEREI SCHLOSS EGGENBERG

**Autriche ◉ 14 %**

Jadis suisse, la Samichlaus fut aussi un temps la bière la plus forte du monde (elle a depuis été largement dépassée). Brassée une fois par an, le 6 décembre (jour de la Saint-Nicolas, dont Samichlaus est le nom en suisse alémanique), elle connaît ensuite une période de garde de dix mois avant d'être mise en bouteille et d'être prête à être vendue pour les fêtes de fin d'année. Et comme le Père Noël, elle sait récompenser les buveurs sages qui auront eu la patience de la laisser vieillir quelques années en cave avant de la déguster.

# Gaffel Kölsch

## GAFFEL BECKER & CO

**Allemagne ◉ 4,8 %**

Bière typique de Cologne, en Allemagne, la Kölsch est une bière brassée avec une levure de fermentation haute, mais qui subit ensuite une garde à froid à la manière d'une fermentation basse. Servie dans des verres droits et étroits, elle est très facile à boire et fait le bonheur des touristes qui viennent visiter la grande ville rhénane. Gaffel est sans conteste l'une des plus célèbres représentantes de la vraie Kölsch d'origine.

# Aventinus Eisbock

## SCHNEIDER WEISSE

**Allemagne ◉ 12 %**

À la manière de la bêtise de Cambrai, l'Eis*bock* aurait été découvert par accident, en laissant geler par inadvertance un stock de *bock* ou de *doppelbock*, puis en retirant les glaçons d'eau pour sauver la bière, ce qui eut pour effet de concentrer l'alcool et les arômes. Bière très puissante et complexe, l'Aventinus Eis*bock* est le plus célèbre représentant de ce style et sans doute l'un des meilleurs.

SCHLOSS
The World's Most Extraordinary Beverage
BOTTLED IN 2015
Samichlaus
CLASSIC
Bière extra forte
Extra strong Beer
La boisson la plus extraordinaire au monde
Embouteillée en 2015
14% alc./vol.
330ml
Castle Brewery Eggenberg
PRODUCT OF AUSTRIA
PRODUIT D'AUTRICHE
Gaffel
Kölsch
SEIT 1908
Gaffel
Kölsch
FEINHERBER GESCHMACK
SCHNEIDER WEISSE
AVENTINUS
EISBOCK
Seit 1872
SCHNEIDER WEISSE
G. Schneider & Sohn
AVENTINUS
EISBOCK

## Tri Martolod Brune

### TRI MARTOLOD

### France ◉ 6,5 %

Brune douce et légère, très maltée, avec des notes torréfiées, assez peu amère, cette bière bretonne a tout d'un *dunkel bock* bavarois, style extrêmement peu représenté en France. Facile à boire, c'est une bière qui plaira au plus grand nombre et s'avérera donc idéale lors d'une soirée entre amis, passée à reprendre en chœur des chansons d'Alan Stivell.

## Véronique Lucienne

### LE PARADIS

### France ◉ 5 %

Située en Meurthe-et-Moselle, la microbrasserie du Paradis est l'affaire d'une seule femme, Marjorie Jacobi, qui s'est forgé une réputation certaine auprès des amateurs grâce à ses bières qui ne manquent pas de personnalité. C'est par exemple le cas de cette « Californian lager orange », au houblonnage prononcé, qui développe des notes d'agrumes.

## Rudimentary Peni

### BRASSERIE DU HAUT BUËCH

### France ◉ 5,5 %

Située dans la Drôme à 1 150 mètres d'altitude, la brasserie du Haut Buëch élabore toute une gamme de bières spéciales qui sortent de l'ordinaire, comme cette Rudimentary Peni (du nom d'un groupe punk des années 1980), une *hoppy wheat lager* (soit une « *lager* au blé houblonnée ») à l'amertume très marquée. La proportion généreuse de blé lui apporte une texture rare pour une *lager*.

Tri Martolod
Bière Brune
6,5%vol
33cl
Bière brassée à Blainville
CALIFORNIAN LAGER ORANGE
VERONIQUE LUCIENNE
LA BIÈRE QUI DÉMOULE LE FRONTZZ
33 Cl
Brasserie Artisanale
BhB
Rudimentary Peni
- mon auto est plus grosse que la tienne.
33 cl
Hoppy wheat lager
Ingrédients : eau de source, malts, houblons, sucre, levures
5,5 %
vol. alc
Brasserie du Haut Buëch
La Jarjatte - 26620 Lus-la-Croix-Haute
www.bhb-brasserieartisanale.fr

## Rougière

### LA HOCQ BRASSERIE ARTISANALE

**France ◉ 4,5 %**

Arborant fièrement son identité aveyronnaise, cette *lager* bio « rouge » (brune-ambrée) est une vraie réussite, alliant légèreté et complexité, avec des notes torréfiées et fruitées très agréables, peu d'amertume et une profondeur étonnante pour une bière de fermentation basse si peu alcoolisée.

## Kellerbier

### LES TROIS MOUSQUETAIRES

**Canada ◉ 5,5 %**

La *Kellerbier* (« bière de cave ») est à l'origine une bière de fermentation basse issue de Franconie (au nord de la Bavière), qui était directement tirée de la cuve de fermentation, sans avoir été filtrée, d'où son aspect naturellement trouble (*naturtrüb* en allemand). Ici produite par la brasserie canadienne Les Trois Mousquetaires, c'est effectivement une *lager* trouble, d'une belle couleur dorée, bien maltée, assez ronde, avec des arômes de céréales, des notes herbacées et peu d'amertume.

# Teckel Bull

## BRASSERIE DU HAUT BUËCH

**France ◉ 9,5 %**

Apparue au XVIIIe siècle dans les pays baltes (Estonie, Lettonie, Lituanie), mais aussi en Finlande, Pologne et Russie, le *baltic porter* est une bière de fermentation basse à mi-chemin entre le *porter* et le *russian imperial stout*, dont il partage le taux d'alcool élevé. L'excellente brasserie du Haut Buëch nous en livre ici une version remarquable, puissante et très complexe, que le brasseur compare à un teckel (noir, à poils longs) qui se prend pour un pitbull. Une grande bière, qui a fermenté lentement en cuve puis plusieurs mois en cave avant d'être mise sur le marché.

# La Triple Buse

## BRASSERIE GILBERT'S

**France ◉ 9,1 %**

Brasserie minuscule installée dans le Tarn, à Rabastens, la brasserie Gilbert's est caractéristique de ces brasseries de passionnés qui expérimentent sans cesse au point de créer ce qui pourrait devenir de nouveaux styles. Ainsi, Martial Vandamme a créé une bière de fermentation basse, brassée avec trois céréales (orge, blé et avoine) et inspirée par les triples belges. Très agréable en apéritif, elle développe des notes fruitées et florales.

## Lager des Étoiles

### PLEINE LUNE

**France ◉ 5,6 %**

Petite brasserie fondée en 2004 dans la Drôme, la brasserie Pleine Lune affiche un goût certain pour les bières bien houblonnées. C'est notamment le cas de cette *India pale lager*, terme un peu farfelu utilisé pour désigner une *lager* houblonnée comme une IPA. Légère et plaisante à boire, elle plaît au plus grand nombre et sera donc toute recommandée pour votre prochain marathon Star Wars ou autre soirée geek.

## Nelson Sauvy

### TEMPEST BREWING CO

**Écosse ◉ 5,4 %**

Houblonnée à cru avec du houblon Nelson Sauvin (d'où son nom), cette bière de fermentation basse a été en outre brassée avec du blé et de l'avoine, ce qui lui apporte un certain corps. Le houblon lui donne des notes très agréables d'agrumes et de fruits tropicaux, voire de groseilles.

## My Antonia

### BIRRA DEL BORGO (AB INBEV)/DOGFISH HEAD BREWERY

**Italie/États-Unis ◉ 7,5 %**

Fruit d'une collaboration entre la brasserie italienne Birra del Borgo et la brasserie américaine Dogfish Head, cette *imperial pils* est, comme son nom l'indique, censée être une *pils* en plus puissante… mais elle est bien plus que cela. Houblonnée à cru une heure durant avec du houblon Saaz (caractéristique des *pils*) mais aussi Simcoe et Warrior, elle développe de belles notes fruitées de houblon sur une base de malt avec quelques touches de caramel.

LAGER
DES
ETOILES
INDIA PALE LAGER
TEMPEST
BREWING Co.
N.S
Dogfish Head
Craft Brewed Ales
My Antonia
continually-hopped imperial pils

# BIÈRES ACIDES ET ACIDULÉES

Peu connues du grand public, les bières acides (appelées *sour* en anglais) sont en revanche très prisées des connaisseurs, qui apprécient leur côté rafraîchissant, le fait qu'elles se marient extrêmement bien avec un grand nombre de plats et la très grande complexité que peuvent offrir certaines d'entre elles, notamment les gueuzes traditionnelles. Régulièrement perçue comme un défaut par les néophytes, qui pensent qu'elle est le signe d'une bière qui aurait « tourné », l'acidité est au contraire une couleur supplémentaire sur la palette du brasseur.

Sans vouloir entrer dans des détails trop techniques, l'acidité d'une bière provient de deux sources principales : les bactéries lactiques et les levures sauvages (Brettanomyces). Ainsi le lambic (qui est la bière qui va servir de base à la fabrication des célèbres gueuzes et krieks) provient, par exemple, d'une fermentation dite « spontanée », déclenchée à la fois par les bactéries et les levures sauvages naturellement présentes dans l'air ambiant de la brasserie. Pour obtenir une certaine acidité, beaucoup de brasseurs vont aussi procéder à des vieillissements dans des fûts laissant passer un peu d'air, ou encore ensemencer directement leurs bières avec des ferments lactiques ou des levures sauvages.

Il existe donc autant de sortes de bières acides ou acidulées qu'il existe de moyens d'en produire. Outre les gueuzes (assemblages de lambics jeunes et de lambics vieux), les krieks (lambics dans lesquels des cerises ont été mises à macérer), les faros (lambics additionnés de sucre candi) et autres dérivés du lambic, d'autres bières *sour* sont également très faciles à trouver, comme les délicieuses bières rouges des Flandres, assemblages de bières dites de « fermentation mixte » (soit des bières de fermentation haute suries par un mûrissement en fûts) ou les « vieilles brunes » flamandes (qui sont les jumelles des bières rouges). Compte tenu de l'intérêt grandissant des brasseurs (et du public de connaisseurs) pour cette saveur, ce sont des bières qui sont amenées à se développer. On ne s'étonnera donc pas trop de trouver de plus en plus, chez les cavistes spécialisés, des réinterprétations de styles acides traditionnels comme la Berliner Weisse (bière blanche acide et légère en alcool) ou la *gose* (style de bière allemand très ancien qui, à l'instar du lambic, contient une partie de blé, mais incorpore en outre du sel et de la coriandre), ainsi que d'autres bières totalement nouvelles, comme les sour IPA, bières acides fortement houblonnées.

Le goût pour l'acidité n'étant pas inné, il est recommandé aux lecteurs qui souhaiteraient le découvrir de commencer par tester des bières légèrement acidulées comme les rouges des Flandres ou certaines *sour* peu acides afin d'éduquer son palais avant de passer à des produits plus complexes et peut-être moins faciles d'accès. Si vous finissez par apprécier l'acidité dans la bière, vous verrez tout un nouveau paysage gustatif s'offrir à vous.

# Cantillon Gueuze 100% Lambic Bio

## BRASSERIE CANTILLON

### Belgique ◉ 5 %

Créee en 1900 en plein Bruxelles, à deux pas de la gare du Midi, la brasserie Cantillon est sans conteste l'une des plus respectées (si ce n'est vénérées) par les amateurs de bière du monde entier. Brasserie familiale incarnant autant le respect des traditions que le goût de l'expérimentation, elle est devenue l'incarnation du lambic traditionnel et l'un des fers de lance de la lutte des brasseurs indépendants contre les grands groupes industriels. Toutes les bières qu'elle produit sont chaudement recommandées. Et si vous passez à Bruxelles, ne manquez surtout pas de visiter ce musée bruxellois de la Gueuze.

# Rodenbach Grand Cru

## BRASSERIE RODENBACH

### Belgique ◉ 6 %

Brassée depuis le XIXe siècle, la Rodenbach Classic (qui n'est pas la Grand Cru présentée ici) est sans conteste la plus illustre représentante du style des rouges des Flandres. C'est une bière acidulée, extrêmement rafraîchissante et très agréable à tout moment de la journée. La Rodenbach Grand Cru se différencie de la Rodenbach Classic par son assemblage (seulement 1/3 de bière jeune et 2/3 de bière vieillie en fûts de deux ans, contre 75 % de bière jeune pour la Rodenbach Classic). Le grand spécialiste de la bière Michael Jackson (non, rien à voir avec le chanteur) disait d'elle qu'elle était sans doute la bière la plus rafraîchissante du monde et celle qui se comportait le mieux à table, pouvant accompagner tous types de plats. Un classique que tout amateur de bière se doit de connaître.

R
RODENBACH
0,5l
CANTILLON
Brewers of Belgium's Most Authentic Lambic
Gueuze 100% Lambic Bio
The Brussels' Gueuze
R
RODENBACH
GRAND CRU
AGED IN OAK FOEDERS
Flanders
RED ALE
CRAFTED & BREWED IN ROESELARE, BELGIUM

## Vent d'Ange

### BRASSERIE DES VIGNES

**France ◉ 6 %**

Brasseur humaniste et écologiste, Stéphane Dumeynieu a toujours préféré brasser les bières qui lui plaisaient plutôt que d'aller dans le sens du vent. Pionnier des bières acides en France avec sa Clandestine (qui est une excellente première approche pour qui souhaite découvrir les bières *sour*), il propose toute une gamme de bières qui sortent des sentiers battus. Produite un an sur deux en alternance avec la Bulle de Vignes, la Vent d'Ange est sa bière la plus haut de gamme. Bière acide vieillie dans des anciens fûts de médoc, elle évoque irrésistiblement les meilleures gueuzes lambics de Belgique.

## Page 24 Sour Ale

### BRASSERIE SAINT GERMAIN

**France ◉ 4,9 %**

Bière *sour* obtenue par adjonction de ferments lactiques, la Page 24 sour ale offre un profil plus acidulé que vraiment acide, sans agressivité, qui la rend rafraîchissante et agréable à boire. C'est une bonne première approche des bières acides pour qui souhaite s'y essayer.

## Liefmans Goudenband

**LIEFMANS (DUVEL-MOORTGAT)**

**Belgique ◉ 8 %**

La femme qui apparaît sur les étiquettes de cette célèbre brasserie flamande fondée en 1679 n'est autre que Rosa Merckx, femme maître-brasseur qui a considérablement influencé la destinée de la marque durant la deuxième moitié du XXe siècle. Sa bière préférée, la Liefmans Goudenband, est une bière brune acidulée de fermentation mixte qui offre un bel équilibre entre acidité lactique et notes sucrées. Et comme le signale l'étiquette, elle « évolue positivement avec le temps ».

## 3 Fonteinen Oude Kriek

**BROUWERIJ 3 FONTEINEN**

**Belgique ◉ 5 %**

3 Fonteinen est une brasserie ancienne spécialisée dans la fabrication de gueuzes et de krieks traditionnelles. Obtenue en laissant macérer des cerises entières durant 6 à 8 mois dans un lambic jeune, c'est une kriek équilibrée et très parfumée, à mille lieues des krieks industrielles trop sucrées vendues parfois dans le commerce.

## Triple Mouture #Evolution

### L'ATELIER DE LA BIÈRE

**France ◉ 6,8 %**

Issu d'une famille de meuniers (profession qu'il a lui-même exercée), Franck Bellon honore d'une certaine manière la tradition familiale en brassant des bières qui mettent plus en avant les céréales que le houblon (une originalité particulièrement appréciable de nos jours). Brassée avec des malts d'orge, de seigle et d'épeautre, cette bière se distingue toutefois surtout par l'utilisation d'une levure de panification (d'où le dépôt important dans la bouteille). L'ensemble offre une certaine épaisseur, plutôt originale pour une bière sour.

## Double Saison Acidulée Du Bout Du Monde

### BRASSERIE DE LA VALLÉE DU GIFFRE

**France ◉ 6,4 %**

Installée en Haute-Savoie, cette brasserie est une valeur sûre avec ses bières à la fois originales et bien faites, comme ce véritable petit bonbon acidulé (comme son nom l'indique), très agréable et rafraîchissant, que l'on boira aussi bien à l'apéritif qu'en accompagnement d'un déjeuner léger.

## Marsilia

### BIRRA AMIATA

**Italie ◉ 5 %**

Style traditionnel allemand longtemps tombé dans l'oubli, la *gose* , parfois qualifiée de « bière au sel », connaît un certain regain d'intérêt ces dernières années. La brasserie toscane Birra Amiata nous en propose ici une version assez simple mais plaisante, où l'acidité est équilibrée par le sel. À réserver de préférence aux amateurs de *sour ales* et aux curieux.

Bières BELLON
Triple Mouture
#Evolution
Pain liquide
l'Atelier de la Bière
36320 Villedieu/Indre
Ingrédients : contient du malt
www.atelierdelabiere.fr
DU BOUT DU MONDE
DOUBLE
SAISON
ACIDULÉE
BRASSERIE DE LA VALLEE DU GIFFRE
www.bieres-du-giffre.fr
Z.A. DE L'ÉPURE — 74440 VERCHAIX — 04 50 89 16 63
Birra Amiata Artigianale
Marsilia
BIRRA AL SALE (GOSE)
Prodotta in Toscana

# Sour Noise Barrel Oak

## BRASSERIE SULAUZE

**France ◉ 5 %**

Brassée au feu de bois dans une bergerie provençale tricentenaire par deux jeunes brasseurs autodidactes et écologistes, cette *sour ale* vieillie six mois en fûts de chêne développe des notes boisées très agréables, d'autant que son acidité n'est pas trop agressive.

# Gose'illa

## BRASSERIE SULAUZE

**France ◉ 5 %**

Style de bière très ancien originaire de Leipzig, en Allemagne, la *gose* est une bière de fermentation spontanée à base de malts d'orge et de blé, de sel et de coriandre. La jeune brasserie provençale de Sulauze nous livre ici une version conforme au style, avec juste ce qu'il faut de sel et une pointe de coriandre bien présente.

## Boon Oude Geuze

### BROUWERIJ BOON

### Belgique ◉ 7 %

Cette g(u)euze 100 % lambic a la particularité d'être moins acide que les autres gueuzes véritables, mais sans toutefois tomber dans l'horrible côté sucré qu'ont certaines gueuzes très commerciales. La brasserie propose aussi une gueuze « haut de gamme » millésimée, la Mariage Parfait, plus complexe et acide, qui vieillit très bien en cave.

## Oude Gueuze Cuvée René

### BROUWERIJ LINDEMANS

### Belgique ◉ 6 %

Active depuis près de deux siècles, la brasserie Lindemans brasse beaucoup de bières à base de lambics, qui sont, il faut l'avouer, plutôt « commerciales » et sucrées. Cette *Oude Gueuze* (« vieille gueuze » ou « gueuze à l'ancienne ») est donc une très bonne surprise pour l'amateur de gueuzes véritables, car elle est de très bonne facture, avec une acidité franche, mais maîtrisée, et assez de complexité.

## Lindemans Faro

**BROUWERIJ LINDEMANS**

**Belgique ◉ 4,5 %**

Lambic additionné de sucre candi (et, dans ce cas précis, « d'édulcorants naturels »), ce faro est, comme l'on peut s'en douter, très sucré, mais il n'en garde pas moins un certain équilibre. Il offre l'avantage d'être extrêmement facile à trouver, aussi bien en caves spécialisées qu'en supermarchés. Pour tout dire, c'est même souvent le seul Faro disponible sur le marché français. Si vous en avez l'occasion, préférez un Faro 3 Fonteinen, Cantillon ou Tilquin, plus difficiles à trouver.

## Trolltunga

**BUXTON/LERVIG BREWERY**

**Angleterre/Norvège ◉ 6 %**

Fruit d'une collaboration entre la brasserie anglaise Buxton et la norvégienne Lervig, cette Trolltunga (en référence à la « langue de troll », célèbre rocher norvégien surplombant un lac à plus de 600 m d'altitude) est une « gooseberry sour IPA », soit une « IPA acide aux groseilles ». À cheval entre IPA, bière acide et bière fruitée, c'est une très belle réussite, facile à boire, où amertume et acidité s'équilibrent très bien.

## Duchesse de Bourgogne

**BRASSERIE VERHAEGHE**

**Belgique ◉ 6,2 %**

Mélange de bière « jeune » (vieillie 8 mois en fûts) et de bière « vieille » (vieillie 18 mois), la Duchesse de Bourgogne est, avec la Rodenbach, l'une des rouges flamandes (que le grand écrivain de la bière Michael Jackson qualifiait de « Bourgognes des Flandres ») les plus faciles à trouver dans le commerce. La brasserie produit également une vieille brune (*oud bruin*) très facile à trouver : la Queue de Charrue.

## Calypso

**SIREN CRAFT BREW**

**Angleterre ◉ 4 %**

Légèrement plus alcoolisée que ses consœurs décrites dans la partie sur les bières peu alcoolisées (voir p. 162), la Berliner Weisse de l'excellente brasserie Siren possède en outre la particularité d'être houblonnée à cru. Cerise sur le gâteau : chaque lot est houblonné avec un houblon différent, garantissant une expérience différente à chaque achat. Pour connaître le houblon utilisé pour votre bière, rendez-vous sur le site Internet de la brasserie.

# LES PEU OU PAS ALCOOLISÉES

Contrairement à ce que pense une grande partie des consommateurs habitués aux produits industriels de basse qualité, OUI, il existe de très bonnes bières peu alcoolisées et même sans alcool. En procédant à des houblonnages intensifs et en jouant avec les caractéristiques des malts, les brasseurs parviennent à faire des bières très peu alcoolisées qui n'ont pas grand-chose à envier à certaines bières plus fortes.

Bien sûr, il ne faut pas s'attendre à des miracles et il n'est pas question d'atteindre la complexité aromatique d'une quadruple belge ou d'un *imperial stout*, mais cela peut néanmoins être très intéressant à savoir lorsque l'on souhaite boire une bonne bière sans être assommé par l'alcool (notamment avant de prendre la route) ou dans le cadre d'un régime particulier (par exemple, dans le cas des bières sans alcool, pour les femmes enceintes).

Les bonnes bières à faible teneur en alcool sont de plusieurs sortes. Avec le renouveau de la bière lancé par les États-Unis, on trouve de plus en plus sur les étals de *session beers*, bières anglo-saxonnes qui tentent d'avoir la même intensité gustative que leur style de référence, mais avec un degré alcoolique moindre. Une *session* IPA sera ainsi amère et parfumée comme une IPA, mais avec un taux d'alcool inférieur à 4 %. Les bières *session* doivent leur nom au fait qu'elles étaient destinées à être bues dans la journée par les travailleurs à certaines plages horaires (*sessions*), ce qui leur donna paradoxalement la réputation d'être des bières pour alcooliques buvant à longueur de journée. Elles connaissent aujourd'hui un vrai retour en grâce, notamment auprès de tous les amateurs de bière soucieux de leur santé.

En France et en Belgique, on les a longtemps qualifiées (et on les qualifie encore souvent) de « bières de table », appellation juridique désignant une bière ayant un taux d'alcool inférieur à 4 %. Historiquement, ces bières aux taux d'alcool très réduits (autour de 2 %) étaient parfois données aux femmes allaitantes afin d'encourager la montée de lait. Il y avait également des bières spéciales pour les nourrices et il arrivait que l'on en serve aux enfants à la cantine (autres temps, autres mœurs).

Dans la catégorie des bières légères en alcool, on trouve aussi la Berliner Weisse, bière blanche acide allemande, produite historiquement dans la région de Berlin, qui titre généralement autour de 3 % d'alcool. En Allemagne, elle est parfois additionnée de sirop de fruits ou d'herbes, mais les brasseurs *craft* qui la revisitent aujourd'hui à travers le monde préfèrent mettre en avant son côté acide et rafraîchissant.

Enfin, les bières peu alcoolisées ou sans alcool les plus intéressantes sont souvent celles avec lesquelles les brasseurs expérimentent et donnent libre cours à leur inventivité. Vous trouverez ainsi dans cette partie une merveilleuse bière au thé, un *grätzer* au goût fumé ou des *black* IPA mêlant arômes grillés et houblons aromatiques. Comme avec les bières plus fortes, la créativité des brasseurs est ici la seule limite.

## Yu Lu

### SIREN CRAFT BREW

**Angleterre ◉ 3,6 %**

Brassée avec des feuilles de thé Earl Grey, cette bière très parfumée est un petit bijou de finesse et d'équilibre. Les feuilles de thé se marient extraordinairement bien avec les houblons, chaque ingrédient apportant des notes fruitées (bergamote, agrumes, pêche...) qui se complètent et se répondent sans jamais qu'une ne prenne le pas sur les autres.

## Nanny State

### BREWDOG

**Écosse ◉ 0,5 %**

Envie d'une bière très houblonnée, amère et parfumée sans alcool ? Ne cherchez plus, la voici. En dépit de sa robe foncée, la Nanny State (« État nourrice », terme utilisé en anglais pour moquer l'État providence, mais sans doute aussi une référence aux bières légères jadis données aux nourrices pour encourager la montée de lait) est une sorte de Punk IPA (voir p. 128) sans alcool. En bouche, l'amertume l'emporte, mais elle offre vraiment beaucoup de goût pour une sans alcool.

## Dead Pony Club

### BREWDOG

**Écosse ◉ 3,8 %**

Une session IPA très correcte, bien houblonnée, mais avec néanmoins une certaine présence du malt. Assez facile à trouver, c'est une bière idéale pour un barbecue entre amis en été.

SIREN
CRAFT
BREW
YU LU
LOOSE LEAF PALE ALE
BREWDOG
NANNY
STATE
ALCOHOL FREE HOPPY ALE
0.5%
BREWDOG
DEAD PONY
CLUB
SESSION PALE ALE

# La Petite Princesse

## BRASSERIE THIRIEZ

**France ◉ 2,9 %**

Revisitant la tradition des bières de table, cette bière qualifiée par certains de « session saison » a été créée en collaboration avec la brasserie texane Jester King, qui produit une bière similaire, Le Petit Prince. Il s'agit donc de la recette de Jester King avec les ingrédients de Daniel Thiriez, notamment sa levure propre, signature de toutes ses bières. Très légère et facile à boire, elle est avant tout rafraîchissante, grâce aux notes herbacées que lui confère le houblon Saaz. Le brasseur affirme qu'il s'agit de la bière préférée de sa femme.

# Berliner Weisse

## BRASSERIE DU MONT SALÈVE

**France ◉ 3,3 %**

Installé dans les Alpes en 2010, Michael Novo s'est très rapidement imposé comme l'un des brasseurs les plus talentueux et inventifs du paysage brassicole français avec ses bières qui sortent de l'ordinaire. Sa Berliner Weisse est plaisante car bien équilibrée, avec une acidité maîtrisée et des notes florales très agréables. Expérimentateur invétéré, il a décliné cette même bière en version houblonnée à cru, en Berliner Weisse aux myrtilles ou, plus original encore, en bière au petit-lait de chèvre.

# Mozaic Black Bitter

## BRASSERIE DU MONT SALÈVE

**France ◉ 3,5 %**

Qualifiée assez pertinemment de black IPA par le site collaboratif Ratebeer et de « bitter noire au houblon Mozaic » par son créateur, Michael Novo, cette bière très brune prouve brillamment qu'il est possible de faire des bières complexes et puissantes avec un degré d'alcool limité. Très présent au nez, le houblon fait aussi ressentir ses notes résineuses et fruitées en bouche en premier lieu, puis cède la place à des notes de café, avec une belle amertume qui reste longtemps en bouche. Une grande réussite.

# Wild Lab (#Stout sans alcool)

## LA DÉBAUCHE

**France ◉ 0,8 %**

Un vrai *stout*, sans alcool. Difficile de mieux décrire ce Graal que la brasserie angoumoisine La Débauche est parvenue à réaliser. Un vrai *stout*, avec sa robe noire, ses arômes grillés, ses notes de café et son amertume franche... sans alcool. Une production éphémère que l'on rêverait de voir devenir permanente.

## Chapitre 13

### LA DÉBAUCHE

**France ● 3 %**

Avec cette black IPA à seulement 3 %, la brasserie angoumoisine La Débauche prouve une fois de plus qu'il n'est pas nécessaire qu'une bière soit forte en alcool pour avoir du goût. Les arômes grillés du malt sont bien présents et se mêlent aux notes végétales des houblons. Belle amertume.

## La Chamoise sous Acide

### LA CHAMOISE

**France ● 3 %**

Contrairement à ce que son nom pourrait laisser penser, la brasserie La Chamoise est installée en Poitou-Charentes, où elle produit des bières très originales, comme cette Berliner Weisse, ici dégustée en version vieillie en fût. Mêlant notes d'agrumes et de pomme, le nez en déroutera certains. Le goût, logiquement acide, est de la même teneur, avec des notes boisées. Une belle réussite.

## Look Mummy

### MATTEN

**France ● 2,2 %**

*Look Mummy, there's an aeroplane up in the sky* (« Regarde Maman, il y a un avion dans le ciel », une référence à l'album *The Wall* de Pink Floyd), de la brasserie alsacienne Matten, est une bière sans prétention qui remplit parfaitement son objectif : être une bière de lendemain de fête, légère, désaltérante, qui se boit facilement et qui est garantie « sans coup de batte de base-ball ». On apprécie les notes houblonnées, même si celles-ci s'évanouissent rapidement.

## Hop Junkie

### CREW REPUBLIC

**Allemagne ● 3,4 %**

Après s'être longtemps appelée Detox (voir photo), cette session IPA a été renommée Hop Junkie (« drogué du houblon »), sans doute afin de mettre plus l'accent sur son côté houblonné que sur sa faible teneur en alcool. C'est une *session* IPA honnête, légère, peu amère et houblonnée sans excès, qui devrait plaire au plus grand nombre.

# Brooklyn 1/2 Ale

## BROOKLYN BREWERY

**États-Unis ◉ 3,4 %**

Très légère en alcool, cette bière de l'excellente brasserie new-yorkaise Brooklyn se veut brassée dans le pur esprit des saisons, à savoir une bière destinée à être bue en été, sans assommer, mais on peut aussi la rapprocher d'une bière de table. Son agréable sécheresse associée aux notes citronnées de ses houblons fait qu'elle accompagne particulièrement bien le poisson, notamment en terrine.

# Totem Pale

## TO ØL/DE PROEFBROUWERIJ

**Danemark/Belgique ◉ 2,2 %**

Parce que l'on peut être intolérant au gluten, amateur de bière et conducteur, la très réputée brasserie danoise To Øl a créé cette bière sans gluten et très légère en alcool. C'est une bière sans prétention, mais les notes d'agrumes de ses houblons la rendent plaisante à boire.

# La Délicate

## BRASSERIE DES VIGNES

**France ◉ 1,5 %**

Pionnier des bières acides en France, Stéphane Dumeynieu a aussi été l'un des premiers (avec Daniel Thiriez) à s'intéresser aux bières de table, peu alcoolisées. Produit d'expérimentation, sa Délicate voit ses recettes changer au fil des brassins, mais c'est en principe une bière qui est plus sur la sécheresse et l'acidité que sur l'amertume. La version brune, à 2 %, offre quelques notes légèrement torréfiées.

# Grätzer

## BRASSERIE DU HAUT BUËCH

**France ◉ 3,4 %**

Style de bière polonais historique qui avait quasiment disparu, le *Grätzer* (ou *Grodziskie*) a connu une certaine résurrection avec le renouveau de la bière artisanale et la redécouverte par des brasseurs passionnés de styles oubliés. Brassé entièrement avec du malt de blé fumé au bois de chêne (et non de hêtre), ce Grätzer de l'excellente brasserie du Haut Buëch se veut fidèle au style d'origine, même s'il n'a peut-être pas le pétillant de ce qui était qualifié de « champagne polonais ». Une curiosité à essayer sans hésitation pour les amateurs d'arômes fumés.

# LES INCLASSABLES

## BIÈRES FUMÉES, BIÈRES AUX ÉPICES, BIÈRES AUX FRUITS ET AUTRES...

Comme vous l'aurez compris, cette partie est consacrée à toutes les bières qui ne pouvaient véritablement servir d'exemples caractéristiques d'un style particulier. Outre les bières à cheval sur plusieurs styles (*Isseki Nicho, Arrogant Bastard Ale*...), cette « non-catégorie » regroupe surtout beaucoup de bières fumées et de bières agrémentées d'épices, de fruits et/ou d'ingrédients divers.

Jadis très communes pour des raisons techniques (le malt étant souvent séché au feu de bois, il était fréquent qu'il prenne un goût fumé), les bières fumées auraient pu disparaître si certaines brasseries de la région de Bamberg, en Allemagne, n'avait perpétué la tradition de la Rauchbier. Aujourd'hui redécouverts par les brasseurs, les malts fumés se déclinent désormais dans tout un ensemble de bières de styles résolument différents, qui sont très intéressants, notamment pour les associer à divers plats.

Concernant les bières aux épices, aux fruits ou autres ingrédients, il peut être bon de rappeler que l'ajout de fruits ou d'aromates est une tradition qui est peut-être aussi ancienne que la bière elle-même et qu'elle est donc tout à fait louable... pour peu que cela soit fait avec des ingrédients naturels et non par l'ajout de sirops ou, pire, d'arômes artificiels, comme c'est le cas de la plupart des bières « aromatisées » vendues sur les étals des supermarchés. Destinées à séduire le public des amateurs de sodas plus que celui des amateurs de bière, ces produits très sucrés et de piètre qualité

font pousser des cris d'effroi à tout amateur de bière qui se respecte.

En matière d'ingrédients sortant de l'ordinaire, l'inventivité des brasseurs semble aujourd'hui presque sans limite : bière au homard ou au crabe, « IPA - *Italian Pizza Ale* » brassée avec des tomates, du basilic et du lactose, etc.). Le tout est de distinguer les véritables expériences gustatives (les bières au concombre sont, paraît-il, très rafraîchissantes) des bières « gadgets », qui ne présentent pas de réel intérêt gustatif.

# Wedding Rauch

## BIRRIFICIO DEL DUCATO

**Italie ◉ 5,4 %**

Cette *rauchbier* fut élaborée par le brasseur à l'occasion de son mariage, en l'honneur de sa future épouse, grande amatrice de bières fumées allemandes. Le succès fut tel que la bière intégra finalement la gamme de la brasserie italienne. Les arômes fumés sont francs et bien présents, mais demeurent relativement légers et équilibrés par rapport aux bières fumées de Bamberg dont elle s'inspire.

# Polska Light

## BIRRA AMIATA

**Italie ◉ 4,3 %**

Bière de blé fumée, un peu acide et typiquement polonaise, le *grätzer* (ou *Grodziskie*) est ici revisité en version « light » par la brasserie italienne Birra Amiata. Sans être parfaitement conforme au style d'origine, c'est néanmoins une bière rafraîchissante, avec un goût fumé prononcé, très agréable à boire pour se désaltérer.

# Bretonne Pie Noire

## BRASSERIE SAINTE COLOMBE

**France ◉ 6 %**

Cette « bière brune au seigle et au malt fumé » est une belle réussite, tout en rondeur, légèreté et équilibre. Les arômes fumés restent discrets et se mêlent agréablement aux notes torréfiées. L'ensemble est très facile à boire, ce qui en fait une bière idéale pour s'essayer en douceur aux bières brunes et fumées, avant de passer à des bières de dessert plus puissantes.

LIGHT
POLSKA
100% FRUMENTO AFFUMICATO
SAINTE
COLOMBE
Brasserie Sainte Colombe La Landelle 35134

# Weird Beard Smoke

## WEIRD BEARD BREW CO

**Angleterre ◉ 5,1 %**

Ayant pris pignon sur rue en 2013 après avoir vu l'engouement que suscitaient ses bières dans les concours, la brasserie londonienne Weird Beard (« Barbe étrange ») s'est rapidement fait connaître des amateurs grâce à ses bières originales et ses étiquettes amusantes, avec ses crânes aux yeux de houblon. Brassée dans l'esprit des bières fumées de Bamberg, cette *rauchbier* s'avère équilibrée et plaisante. L'étiquette assure que même si elle « sent le bacon », tout le monde peut en boire, végétariens compris.

# Macadam Blues

## BRASSERIE DU HAUT BUËCH

**France ◉ 9 %**

Lorsqu'il a créé ce *smoked wheat wine* (vin de blé fumé), le brasseur avait en tête un passage du film de Ken Loach *La Part des anges*, dans lequel un goûteur évoque le goût de fumé « un peu passé » d'un très vieux whisky. Mission réussie. Présentes, mais subtiles, les notes fumées sont loin de dominer l'ensemble. C'est une grande bière, très puissante et complexe, à déguster comme un vieux bourbon, en écoutant un vieux morceau de bluegrass.

# No Risk, No Fun

## SAINTE CRU

**France ◉ 6 %**

Ce *porter* fumé concocté par la brasserie alsacienne Sainte Cru est une petite merveille d'équilibre. Bien présentes au nez comme en bouche, les notes fumées sont parfaitement contrebalancées par les arômes de café, voire de chocolat du *porter*. Une bière gourmande qui régalera les amateurs du genre.

# Duchesse de Lorraine

## LES BRASSEURS DE LORRAINE

**France ◉ 5,5 %**

Créée en 2005 à l'occasion des 250 ans de la place Stanislas à Nancy, cette bière a été réalisée en collaboration avec l'historien de la bière Philippe Voluer en s'inspirant des bières du XVIIIe siècle : « rouge », parce qu'à l'époque les bières étaient foncées, légèrement fumées, parce que le malt était alors séché au feu de bois, légèrement acide, parce que les bières de l'époque l'étaient sans doute, en raison de l'oxydation induite par la conservation en tonneau, et épicée au sassafras, plante très en vogue à l'époque.

## Double Standard Smokee

### DOUBLE STANDARD

**France ◉ 6,3 %**

Jeune brasserie installée dans les Hauts-de-Seine, Double Standard a très vite su se faire remarquer, notamment avec son *American pale ale* primée par un fourquet d'or au concours du musée français de la Brasserie. Toutefois, elle ne brasse pas que des bières houblonnées, comme le prouve cette bière de Noël très spéciale et surprenante au malt fumé, à la sauge et à la coriandre.

## Flat White

### ALPHABET BREWING COMPANY

**Angleterre ◉ 7,4 %**

*White breakfast stout*, « *stout* blanc du petit déjeuner ». Derrière cette appellation cocasse se cache une idée moins farfelue qu'il n'y paraît au premier abord : celle de retrouver le goût torréfié d'un *stout* dans une bière sans utiliser de malt grillé (et donc sans avoir de bière noire).

## Southern Star

### NORTHERN MONK BREWING COMPANY

**Angleterre ◉ 5,9 %**

Dans le même registre d'idées que le *white stout* d'ABC, ce *vanilla latte white porter* est également une bière ambrée au café, mais dans un registre plus sucré. Déconseillée à l'apéritif, on la préférera pour accompagner des desserts, notamment s'ils sont fortement chocolatés.

Double
STANDARD
SMOKEE
Bière
AMBRÉE FUMÉE
A B C
Flat White
Flat White
White Breakfast Stout
TRUE NORTH
SOUTHERN STAR
5.9% ABV
5.9% ABV
NORTHERN MONK
BREW Co
VANILLA LATTE PORTER

## Isseki Nicho

**DIEU DU CIEL !**

**Canada ◉ 9,5 %**

Bière issue de la collaboration entre la brasserie québécoise Dieu du Ciel ! et la japonaise Shiga Kogen, cette saison noire impériale mêle malt noir de *stout*, houblon japonais et levure belge de saison. Le résultat oscille entre l'*imperial stout* (pour ses notes torréfiées) et la quadruple belge (pour le côté épicé apporté par les levures) avec toutefois une finale plus sèche que n'offrent habituellement ces styles. Une très grande bière, aussi puissante que complexe.

## Arrogant Bastard Ale

**STONE BREWING COMPANY**

**États-Unis/Allemagne ◉ 7,2 %**

« Une remarque ? Un commentaire ? Si vous n'aimez pas cette bière, gardez-le pour vous. Nous n'avons aucune envie d'entendre les pleurnicheries de mauviettes qui boivent des bières jaunes. Cette bière n'est pas faite pour vous. » Résultat à l'origine d'un surdosage involontaire de houblon, la bière vedette de la brasserie Stone (voir p. 128) est, on l'aura compris, puissamment houblonnée et amère. C'est l'une des *craft beers* les plus vendues au monde.

## Rogue Hazelnut Brown Nectar

**ROGUE ALES**

**États-Unis ◉ 6 %**

Lorsque, en 1993, Chris Studach présenta pour la première fois sa bière à l'extrait naturel de noisette lors d'un congrès national de brasseurs amateurs, il ne s'attendait sans doute pas à rencontrer un succès tel que son effigie finirait, quelques années et une association avec Rogue plus tard, par orner des millions de bouteilles vendues à travers le monde. Il faut dire que le goût des noisettes s'équilibre bien avec celui du malt brun, sans tomber dans un excès quelconque.

Brasserie Dieu du Ciel!
MOMENTUM
ISSEKI NICHŌ
Saison noire impériale – Imperial dark Saison
Bière extra-forte
9,5% alc./vol.
Extra strong beer
341 ml
ARROGANT BASTARD ALE
YOU'RE NOT WORTHY
0,5 l
Alc. 7,2% vol
RISK
Hazelnut Brown Nectar
Ale With Natural Hazelnut Flavor
BREWMASTER
ROGUE
12 FL Oz / 355 ml
Alc. 5.6% Vol.

# Ten Dollar Shake

## SIREN CRAFT BREW

**Angleterre ◉ 6,6 %**

Cette *fruit smoothie* IPA, ayant pour objectif d'être une bière « smoothie aux fruits », a été brassée avec ajout de mangues, de papayes, de fruits de la Passion et… de lactose (forcément). Ne vous attendez cependant pas à une bière sucrée. L'ensemble offre, des arômes très fruités, mais cela reste une IPA, avec ce que cela implique de houblons et d'amertume.

# Mangofeber DIPA

## BREWSKI

**Suède ◉ 8 %**

Brassées en quantités limitées, les bières aux fruits de la brasserie suédoise Brewski remportent un franc succès auprès des *beer geeks*, car en dépit de la présence de vrais fruits, ce sont les houblons qui mènent la danse. Cette double IPA dans laquelle a été incorporée de la mangue fraîche ne déroge pas à la règle avec son bal d'arômes mêlant agrumes, pin et, bien entendu, mangue, avec une amertume prononcée.

# Juliette

## BRASSERIE UBERACH

**France ◉ 9 %**

Installée en Alsace depuis 1999, la brasserie d'Uberach brasse des bières artisanales « grand public » et sans snobisme, avec une gamme classique sobre et bien faite (blanche, blonde ambrée, brune), mais aussi quelques bières plus spéciales, comme cette Juliette, qui bien qu'étant à base de rose, de pêche et de gingembre, réussit l'exploit de n'être pas écœurante.

# Route des Épices

## DIEU DU CIEL !

**Canada ◉ 5,3 %**

Cette bière de seigle canadienne est brassée avec des poivres noir et vert, qui lui confèrent un côté épicé étonnant, qui vient se superposer aux saveurs de céréales et de caramel de son malt. Pour le dire clairement : cela chauffe un petit peu la langue (mais pas trop… enfin, tout dépend de votre niveau de tolérance aux épices).

## Hitachino Nest XH

### KIUCHI

### Japon ● 8 %

Mûrie trois mois en fûts de saké, cette bière rappelle qu'avant de produire les bières Hitachino Nest (aisément identifiables au petit hibou rouge qui orne leurs étiquettes), la brasserie Kiuchi était avant tout une productrice réputée d'alcool de riz. Très reconnaissable, le goût du saké se mêle très agréablement aux arômes du malt, mais s'évanouit assez rapidement en bouche. Il n'en reste pas moins qu'il s'agit d'une bière singulière, comme d'autres bières de la même brasserie, produites avec des ingrédients typiquement japonais (riz rouge, orange japonaises, etc.).

## Salty Kiss Gooseberry Gose

### MAGIC ROCK BREWING

### Angleterre ● 4,1 %

« Acidulée, fruitée et rafraîchissante. » Difficile de mieux résumer cette bière qu'en traduisant directement ce qui est écrit sur sa (très belle) canette. *Gose* (voir p. 151) brassée avec des groseilles et des baies d'argousier, c'est une bière légère et parfumée, extrêmement agréable par une chaude après-midi d'été. Son côté acidulé devrait agréablement surprendre les personnes qui ne connaissent pas les bières acides.

## Love Craft Beer

### BRASSERIE DE L'ÊTRE

### France ● cela dépend

Une bière qui change… dans tous les sens du terme. La brasserie de l'Être produit en effet cette bière en quantité limitée avec « des copains » (un caviste, une autre brasserie…) et la recette varie à chaque fois. *Porter* épicé, *dunkelweizen*, *triple* au café… C'est un peu le concept de la pochette-surprise adapté en bière, sauf qu'au contraire de la pochette-surprise, on sait d'avance que l'on sera vraiment surpris et sans doute pas déçu.

HITACHINO
HITACHINO NEST BEER
EXTRA HIGH 8%
XH
KIUCHI BREWERY IBARAKI.JAPAN

SALTY KISS
GOOSEBERRY GOSE
LIGHTLY SOUR, FRUITY AND REFRESHING

[Love Craft Beer]

# Babylone

## BRUSSELS BEER PROJECT

**Belgique ◉ 7%**

Brassée avec 30 % de pain recyclé (chaque bouteille contient l'équivalent d'une tranche et demie de vieux pain), cette bière on ne peut plus anti-gaspi s'inspire des vieilles pratiques sumériennes (d'où le nom Babylone) qui consistaient à brasser la bière à partir de pains de céréales mis à bouillir dans de l'eau. Lui conférant un réel intérêt gustatif, son houblonnage important et son équilibre lui permettent heureusement d'échapper au syndrome de la bière « gadget ».

# Glutenberg Blanche

## GLUTENBERG

**Canada ◉ 5 %**

Parce que l'on peut être intolérant au gluten et néanmoins amateur de bières, la microbrasserie canadienne Glutenberg s'est spécialisée dans les bières *craft* sans gluten. Certaines sont proches du style d'origine, comme les IPA, d'autres sont plus déconcertantes, comme cette bière « blanche »… sans blé (ce qui est a priori antinomique). À base de sarrasin (« blé noir »), de millet, d'amarante et de quinoa, elle est fortement parfumée, notamment à la coriandre.

# Kasteel Rouge

## BROUWERIJ VAN HONSEBROUCK

**Belgique ◉ 8 %**

Mélange de Kasteel Donker (une excellente quadruple belge à 11 %) et de liqueur de cerise, la Kasteel Rouge a autant de fans que de détracteurs. Pour ses fans, c'est une bière puissante à siroter comme un vieux sherry un soir d'hiver. Pour ses détracteurs, c'est une horreur trop sucrée au goût de sirop pour la toux. À vous de décider (mais si vous ne l'aimez pas, ne la laissez pas vous détourner des autres bières de la brasserie).

# Bonnets Rouges

## BRASSERRIE LANCELOT

**France ◉ 5,5 %**

Créée bien avant le mouvement du même nom de 2013, cette bière aromatisée aux baies de sureau fait référence à une révolte bretonne de 1675. Rafraîchissante et fruitée sans être trop sucrée, elle se révèle plutôt agréable à boire, même si l'on regrette la bouteille transparente, qui peut rapidement altérer ses qualités organoleptiques et incite donc à la boire le plus tôt possible après fabrication (en bref, évitez de l'acheter dans un magasin de souvenirs suréclairé, entre les bols à prénoms et les caramels au beurre salé).

## Aecht Schlenkerla Rauchbier Märzen

**BRAUEREI HELLER**

**Allemagne ◉ 5,1 %**

Les bières de la brasserie Heller sont sans doute les plus célèbres de la ville de Bamberg, capitale de la *rauchbier*, bière fumée au bois des hêtres des forêts voisines. Elle brasse plusieurs sortes de bières fumées, dont cette Märzen, au goût de fumé extrêmement marqué (certaines mauvaises langues vont jusqu'à dire qu'elles ont l'impression de boire du jus de charbon). À essayer et à marier sans hésitation avec de nombreux plats.

## Karland malt fumé à la tourbe

**BRASERIE GARLAND**

**France ◉ 6 %**

Tenue en famille par un père et ses deux filles, cette ferme-brasserie tarnaise fut sans doute la première de France à produire intégralement sa bière de A à Z, depuis la culture de l'orge et du houblon, au brassage, en passant par le maltage (chose rare). Très équilibrée, avec un fumage à la fois présent et discret, cette version fumée de sa Karland est une vraie réussite.

# Quelle bière choisir ?

## BIÈRES ACIDES ET ACIDULÉES



## LES PEU OU PAS ALCOOLISÉES



## LES INCLASSABLES

**Un immense merci à Laurent Mousson, encyclopédie vivante sur la bière, pour ses relectures bienveillantes et attentives, à ma compagne Florence pour son aide de chaque instant et à Marjorie Goussu pour sa patience d'ange.**
**Je voudrais enfin remercier Didier Férat de m'avoir proposé ce travail des plus sympatiques.**

Crédits photographiques : © AdobeStock
Toutes les photographies de bouteilles sont de Yann Champion ;
la photo de l'auteur page 3 est de Florence Delahoche

Directeur éditorial : Didier Férat
Édition : Marjorie Goussu
Création graphique : Julia Philipps et Stéphanie Aparicio
Photogravure : Nord Compo
Fabrication : Laurence Duboscq



Solar | un département **place des éditeurs**

place des éditeurs

ISBN : 978-2-263-15231-3
Code éditeur : 15231
Dépôt légal : octobre 2017
Imprimé en France par Imprimerie de Champagne.